珠水维新

中华文明的珠江时代

南方日報出版社
NANFANG DAILY PRESS
中国·广州

图书在版编目（CIP）数据

珠水维新：中华文明的珠江时代 / 周松芳编. —广州：南方日报出版社，2014.3
ISBN 978-7-5491-0911-1

Ⅰ. ①珠… Ⅱ. ①周… Ⅲ. ①珠江流域－文化史Ⅳ. ①K296.5

中国版本图书馆 CIP 数据核字(2014)第 029988 号

珠水维新——中华文明的珠江时代 周松芳 编

出版发行：南方日报出版社
地　　址：广州市广州大道中 289 号
电　　话：（020）83000502
经　　销：全国新华书店
印　　刷：佛山市浩文彩色印刷有限公司
开　　本：787 mm×1092 mm　1/16
印　　张：12.75
字　　数：130 千字
版　　次：2014 年 3 月第 1 版
印　　次：2014 年 3 月第 1 次印刷
定　　价：28.00 元

投稿热线：（020）83000503　读者热线：（020）83000502

网址：http://www.nfdailypress.com/

前 言

文明的演进，既受制于线性的时间，也取决于空间的扩展及相应的摩擦与激荡。对于前者，大家都易于接受理解。对于后者，中哲如梁启超、梁漱溟、傅斯年及近人朱谦之、苏秉琦、许倬云，西哲如汤因比、布罗代尔、费正清等，皆有论述。各家观点虽有不同，其共同之处是均认为，一个文明形态在空间组织上的演进，与它和周边文明的交往（正面与负面）密切相关。中华文明在时间的线性演化过程中，表现出的空间上的南移特征，是能够用这些理论加以说明的。

中华文明南移的大趋势，大致可以分为三个阶段。第一阶段是黄河时代，下限约至南宋；第二阶段是长江时代，下限迄于今日；第三阶段则为或将来临的珠江时代。这种以江河为表征的时代划分，毫无地域的意义，而是体现两个特质：一是文明中心南移的大体空间位置；二是新的文明形态的新的特质。这种时代转移，既是时间与空间演进的结果，也是国家民族疆域扩大的必然。中华文明最初以黄河流域为中心发展，在与周边也即四夷的交往中逐步扩大其疆域，也改变其性质。最初以畜牧业为主体，渐次过渡到农业。至南宋以降，一方面在与四夷的交往中被动地南扩，另一方面文明的进步催生的稻作经济（湖广熟，天下足）与以江海为依托的商业经济（江南地区的农业加上工商业税收，此后长期是整个中国财政的基础；明清定都北京，经济中心在江南，文化中心也还是在江南），亦足以支撑文明中心的南移。而由于人类活动能力的增强，亦可以将部分海域计为疆域了。从这一角度看，长江流域也比黄河流域更堪作为中华文明的地理中心。

中华文明的珠江时代是否会来临，先哲早就关注过这个问题，并作出许多肯定的预言。最早指出这一趋势的是明代大学士邱濬。尔后梁启超、傅斯年都或隐或显作出过推论。第一个明确提出来的是江苏籍的新儒学大师张君劢，他正是从文明的新特质这个角度，提出了中华文明黄河、长江、珠江三个时代说，并预言未来西南的珠江流域，必将担负起中华民族振兴的重担，中国也将迎来中华文明的珠江时代。而在此前后，顾颉刚、郭沫若均有暗合的呼应。顾氏说，他来广东的感受是此地不文，令人不喜，但广东人所特有的一种精神，却是黄河、长江流域之人所不具备的，他对黄河、长江流域文化的发展没有信心，倒祝愿广东能成为文化中心。国学大师陈寅恪更借对广东学人的高度评价说："江淮已无足言，更不论黄河流域矣。"朱谦之则将中华文化从空间上划分为分别以解脱、教养、实用为特征的黄河流域文化、扬子江流域文化和珠江流域文化三种类型，并形成其特殊的文化模式，"都应努力发扬其固有的文化，以完成最高的统一文化。然而在时间上说，中国文化现阶段实应注全力于实用的知识，即注全力于科学文化的建设事业。"这实用与科学的文化即以珠江流域文化为代表。他并进而申论，珠江文化乃是一种革命的文化。这种革命的文化，在当时具有特殊的意义，在今天，在改革成为一场更深远更伟大革命的时代，无疑更富有时代的意义。

以广东为中心的珠江流域，能否表征中华文明新的时代？编者持肯定态度。这是历史的趋势，也有现实的基础，更是未来的必然。

历史的趋势：一方面是中华文明南移的大趋势使然。这一点，以著名的复旦大学历史地理研究所教授周振鹤领衔的课题组的研究成果最资证明。另一方面，以广东为中心的珠江流域，历代以来，不断以其地缘优势，为中华文明新时代的到来，输入和累积新的文明特质。张九龄、慧能、洪秀全、康有为、梁启超、孙中山等粤人两千多年来一直保持开放的姿态，尤其是近代以来贡献至伟。晚清民国著名学者徐珂有言："粤人慷慨成性，国家欲成大事，非粤人不可。"并以自己的乡帮宁波为例，反证所言不虚。

现实的基础：物质基础以及改革开放三十多年的理论与实践资源。改革开放，历史看广东，经验从广东出，作为基本国策，将来还是广东领衔。三十多年改革开放的历史经验，应该从经济、政治层面抽象至于文化层面，才最可以深入人心，化为自觉前行的动力。这是珠江表征中华文明的现实基础。

未来的必然：经济全球化与经济区域化相反相成。从全球化角度，中国开放改革无法逆转，而进一步开放改革的外部（国际）因素，主要还是经由广东引入。从经济区域化的角度，最主要的就是中国东盟合作，通过自由市场的建立，将东盟变成中国的内需市场，从而完成一个以内需为主的强大经济体转型。在中国东盟合作中，广东是处于领导地位的。而中华文明珠江时代的提出及其建设，正为这种区域合作提供文化的支撑——无论北美自由贸易区的建设抑或欧盟的建设，文化的基础与先导地位，是确立不移的。经济区域化的另一层面，就是大珠三角与泛珠三角的合作与建设，也需要这种文化理念的支撑。

最后，中华文明珠江时代的提出，并非刻意强调和突出岭南的地位，而是旨在说明中华文明发展进程中岭南的独特贡献，以及在中华民族的伟大复兴中，岭南如何能继续作出新的伟大贡献；同时为广东文化强省建设，为广东领衔中国改革开放新时代，提供一个高屋建瓴的纲领与抓手，突破地域桎梏，开创时代新篇。

周松芳

2014年3月

目录

贰　历史特质　点滴成洋

叁　钟灵毓秀　代有英杰

肆　化风成俗　因俗为新

伍　首开风气　再领风骚

壹

珠水维新　斯言得证

历史大势与时代节点

中国经济文化重心存在南移的趋势，乃是历代哲人的共识。然而，共识中的歧异在于，在许多哲人看来，所谓南移，实乃南化，也即原本具有某些异质特征的南方地域文明，充分融合到统一的中华文明之中，并通过自身的异质性，不断丰富、发展乃至重构中华新文明。

新陈代谢，咸与维新。一个文明的不断发展进步，需要不断有新的异质元素的注入生发。再者，南北文化的共融新生，必有其相对的尽期。方此之际，西来潮音，应运而生。从西方输入吸收新的发展元素，乃是南北融合之后的新的历史大势。在西方工业革命，以及因此建立起相对先进的制度文化之后，这一大势，尤为凸显。尤其是在中国被拉入世界历史的近代化进程之后，这一趋势更形迫切。是以陈序经教授认为，所谓南北文化的问题，业已转化为东西文化的问题。此即南北文化的真谛。

在寻求这一历史文化真谛的过程中，广东因为地理的环境与历史的机缘，地位陡升；广东的历史发展进程，尤其是近现代以来的历史作用，便彷如寻求这一真谛的钥匙。

近代过后是现代，路漫漫正其修远，广东的使命无法懈怠。尤其是在开启改革开放三十多年后，广东面临又一轮更深刻的改革开放的历史节点，珠水维新，史命其膺！

致陈垣

陈寅恪

陈寅恪（1890—1969），字鹤寿，江西修水人，中国现代最负盛名的历史学家、古典文学研究家、语言学家。曾为清华大学国学院导师，西南联大、广西大学、燕京大学、中山大学等校教授。主要著作有《柳如是别传》《隋唐制度渊源论稿》《唐代政治史论稿》等。

援庵先生道鉴：

久未承教，渴念无已。岑君（编者按：即岑仲勉，广东顺德人，后为中山大学历史系著名教授）文读讫，极佩（便中乞代致景慕之意）。此君想系粤人，中国将来恐只有南学，江淮已无足言，更不论黄河流域矣。寅近作短文数篇，俟写清后呈正。所论至浅陋，不足言著述也。

匆此奉复，敬叩

著安

寅恪再拜（一九三三年）十二月十七夕

（选自《陈寅恪集·书信集》，三联书店2001年版）

编者补白：陈寅恪《冯友兰〈中国哲学史〉下册审查报告》（《金明馆丛稿二编》）：“其真融于思想上自成系统，有所创获者，必须一方面吸收输入外来之学说，一方面不忘本来民族之地位。此二种相反而适相成之态度，乃道教之真精神，新儒家之旧途径，而二千年吾民族与他民族思想接触史之所昭示者也。”广东二千年来，便一直处于这种“思想接触史”的前沿地带，梁启超《世界史上广东之位置》就有很好的说明。

世界史上广东之位置

梁启超

梁启超（1873－1929），字卓如，广东新会人。中国近代史上著名的政治活动家、启蒙思想家、教育家、史学家、文学家，现代小说、新诗的开创者之一，《新小说》《清议报》《新民丛报》的创办者。戊戌变法领袖之一，曾任北洋政府司法总长、财政总长，进步党党魁，清华大学国学院导师。主要著作有《清代学术概论》《中国近三百年学术史》《变法通议》等。

一、中国史上广东之位置与世界史上广东之位置

广东一地，在中国史上可谓无丝毫之价值者也。自百年以前，未尝出一非常之人物，可以为一国之轻重；未尝有人焉，以其地为主动，使全国生出绝大之影响。崎岖岭表，朝廷以羁縻视之，而广东亦若自外于国中。故就国史上观察广东，则鸡肋而已。虽然，还观世界史之方面，考各民族竞争交通之大势，则全地球最重要之地点仅十数，而广东与居一焉，斯亦奇也。

二、东西交通海陆二孔道

古代东西交通之孔道有二：其一曰北方陆路，由小亚西亚经帕米尔高原下塔木里河从新疆甘肃诸地入中国者；其二曰南方海路，由波斯湾亚剌伯海经印度洋从广东以入中国者。此两道迭为盛衰，而汉唐以还，海道日占优势。

北方陆路，其起原当甚古，盖我族迁徙，本自西徂东。炎黄以前，其往还，或极盛未可知，自有成文史以后，则西汉张博望通西域一役，实为东亚两文明接触之导线。博望之迹，虽未越地中海，然中亚诸国，间接以为之媒介，其影响所被盖甚广，如葡萄、苜蓿、胡桃、安石榴等诸植物，皆由希腊传来，其名称皆译希腊音，班班可征。当时我国输出品之大宗曰丝绢，其销场广及于罗马，罗马国中，至金绢同重同价，其末叶之生计界，因此蒙非常损害，此西史所明著也。此为东西交通之最初期，迨东汉而海道始发达。

三、南路海道之初开通

后汉桓帝延熹九年，大秦王安敦遣使自日南徼外献象牙、犀角、玳瑁，是为罗马直接通中国第一次，实西纪166年也。吴黄武五年，有大秦贾人宗秦论，来至交趾，交趾太守吴邈遣送诣孙权。是为罗马直接通中国第二次，实西纪227年。考东汉吴交趾太守皆治番禺，所领地兼今之两粤、安南，秦使所至之地，为今越南？为今广州？不能遽断。要之，广州当时已有市舶之迹则无疑也。

其时交通孔道忽自陆而移诸海者，原因有三：（一）前此东西两大国，一汉一罗马，皆极全盛，声威远播。自班氏父子既没，汉威不复振于中亚，而罗马自西历第三世纪以还，亦无力经略亚洲，葱岭以西诸地，复为野蛮未开人所占踞，展转迁移，道路互塞。（二）前此丝绢转运，多由波斯。及罗马帝安的尼莎时（西纪161至180年），与波斯构兵，商业大蒙损害，而小亚细亚全部，疫疠时行，百业益以不振。（三）前此东西商务，经波斯人与叙利亚人两重媒介，波贩诸东，叙贩诸西。至是叙利亚人势力日隆，欲直接握东西之冲，以广其利，毋为波人垄断。时叙利亚海运业正极发达，故思于陆路以外，更求航路，广东位置，所以骤变，实基于此。

四、广东交通发达期

颜氏斯综《南洋蠡测》云："新嘉坡有华人坟墓，碑载梁朝年号，是华人旅此者，实始六朝。"今按法人黎柱荷芬所著《支那交通史》

云："西历第一世纪之后半，西亚细亚海舶，始至交趾，凡二百年间，继续航行。至第三世纪中叶，支那商船渐次西向，由广州达槟榔屿。至第四世纪，渐达锡兰。第五世纪，更由希拉以达亚丁，终乃在波斯及米梭必达迷亚，独占商权。至第七世纪末，而阿剌伯人始与之代兴。"据此，则我粤人握东西交通之海运权者，垂五百余年。稽其时代，则晋五胡、苻秦极盛时，迄唐天宝安史乱后也。黎氏所据，为第八世纪亚剌伯人《古旅行记》，谓当时波斯湾阿剌伯海，华人帆樯如织，所述定当不谬，而主动者实广东人。其时印度高僧求那跋摩、金刚智、达摩诸大师来我国，皆自海道，而法显三藏之探险于印度，其往也遵陆经葱岭，其返也遵海经广州，所乘当亦皆华船也。由此推之，当时我华人殖民力，必已随商业以涨于海外，新嘉坡之既有华人置田庐长子孙焉，毫无足怪者。

当时与我竞海运业者，惟波斯人。盖东行航路，本由叙利亚人所发见，及叙利亚既衰，而波斯沿袭之，弃陆行之纡回，取水道之利便。证以义净之《南海寄归传》及《求法高僧传》中之《玄达法师传》等，则所乘多属波斯船也。

时则西方输入之琉璃，最为我国人所宝。隋大业间，尝招致大月氏国之琉璃工人于广东，欲试仿造，而成功不如其所期。虽然，缘此而别生一良结果焉。盖采其术以加精制于陶器，遂为中国一名产，数千年专大利于世界之市场，即食此役之赐也。

其时西人缘此航路之开通，渐悟地员之理，著名地学家皮特廉马，以理想制一地图，谓自欧洲向西直行，当可达广东或印度，中世纪之欧洲人咸信其说焉。后此哥伦布以欲觅亚洲新航路故，乃别发见美洲新大陆，其远因实自此时也。

五、广东交通全盛期

五胡六朝时代，中原云扰，国民无复余裕以事远略，惟广东僻处岭外，所受影响较微，故元气发纾，仅以不衰。及隋统一宇内，内竞渐息，遂欲举全力以对外，若炀帝之汲汲通拂菻（拂菻者，当时之东罗马帝国，都于康士但丁奴布者也），其见端也。迨唐之兴，天下大定，数百年霾阴顿开，熙熙如春，万卉齐茁。太宗雄武，底定四裔，至高宗显庆五年，遂开西域十六都督七十二州，北方交通之陆路复开，而南方海运之进步，亦一日千里。黎氏所谓我国商舶西征，达于红海（即亚丁湾）者，即此时也。而同时西方复有勃兴之国二焉：一曰大食。大食者，今阿剌伯也。史载永徽二年，大食王（敢谷）密莫未赋遣使由南海来贡，其后开元长庆间，凡十四度来朝。是为阿剌伯通中国之始。其时回教初兴，国势曈曈，若旭出海，而商业随教力俱东，一集注于广州。苏哈巴者，摩诃末（回教祖Mahomet也，近译马哈默德或谟罕默特）之母舅也，实始入中国传教，在广东省城建怀圣寺，遂卒于广州，葬焉。而光塔寺之二石塔，矗立城中，岿然至今，此又曾游粤省者所能共见也。盖当时阿剌伯人商业之盛，甲于大地，而其所注重者实在广州。二曰天竺，即印度也。印度当西纪六七百年间，有戒日王者勃起，锐意以宣播文明、传布佛宗自任；而中国君相，方皈依释尊，几有认为国教之势，求法者络绎于道，故商业亦随教力而进行。其陆运则自西藏，而海运则自广州。由此言之，初唐时代，中国海运方盛，一也；大食海运新兴，二也；天竺海运辅行，三也；波斯海运未衰，四也。并此四者，而广州遂骎为全世界之重镇。高楠顺次郎氏尝悬拟当时定期航行船之线路为表如下：

（一）中国商船　广州、南海、锡兰、阿剌伯、波斯间

(此线经阿剌伯海岸入波斯湾)

（二）中国商船　广州、南海、锡兰、米梭必达迷亚间

(此线经阿剌伯海之南复经亚丁峡　红海)

（三）波斯商船　波斯、锡兰、南海、广州间

（四）大食商船　阿剌伯、锡兰、南海、广州间

（五）锡兰婆罗门船　锡兰、阇婆、林邑、广州间

（六）唐使船　广州、南海间

航线五、六而皆集中于广东，广东之为天下重可想矣。故当时西域诸国，称广东曰“支那”，称长安洛阳曰“摩诃支那”，此名在佛典中，屡见不一见也。高楠氏尝搜佛宗各传记，见著名印度高僧，由广州往返见于记载者，凡数十人。而阿剌伯人《古旅行记》，称黄巢乱时，

流寓广州之波斯大食人共十二万余。然则当时此地交通之盛，不让今香港，而外人居留之多，今日举国无能与京矣。

当时中央政府对于此新开繁盛之口岸，其所施政策有三：

（一）开大庾岭。唐中宗末叶，始大举开大庾岭，修治道路。盖因广东骤兴，为辟此道，使与中原得交通之便也。（此事于广东关系极重，自兹以往，广东始渐为重于国中矣。）

（二）设外人裁判所。唐宣宗大中四年（850年），始为回教民别设一法司于广州。其制度今不可考，以当时国势推之，谅必无领事裁判权之屈辱也。

（三）置市舶司。即今之海关。其起原不可考，大约在开元之初，初别置使，后即以岭南节度使兼充，至宋复别置。

六、广东交通中衰期

初唐盛时代，广东号称极盛。及安史之乱，而其业一挫。乾元元年（758年），大食人与波斯人共焚广州城，盖缘当时政府佣其人为兵以平乱，事定后，赏赉不能满其欲，故愤以出此。自是稍衰息，至贞元八年（792年）而复盛。自兹以往，继长增高，迄于唐末。及乾符六年，黄巢陷广州，十余万流寓之外国人，杀戮殆尽云。呜呼！孰意千余年前义和团之惨剧，早已演于我广州耶？此役以后，东航者始视为畏途。加以五代之乱，全国如麻，刘氏僭窃南汉，虐待远人，无所不至。故百余年间，广东于世界通商之位置，顿衰落矣。

七、广东交通苏复期

宋一天下，初下广南，即复市舶使，以大将潘美任之，实开宝四年也（971年）。广东商业，自是再振。然其时势力，渐分于各地，杭州、明州（今宁波），以次勃兴。咸平二年（999年），已设市舶厅于此二地。天圣元年（1023年），改市舶司焉，然犹隶于广州。广州盖袭前代积威也。当时荆公秉政，法令修明，有所谓市舶法、市舶条者，而我国商舶出海外者亦渐多。自兹以往，福建之泉州、山东之密州（今胶州）继兴，咸置市舶司，而泉州独盛。故崇宁元年（1102年），废诸舶司，而广、泉独留。及宋南渡，徙宅于杭，政府中心点既变迁，密尔海岸，商业中心点随之……西历1150年出版之*Geographie d' Edriei*称其时我国商港十二……然十二港中，其握霸权者固在广州。

八、广东交通过渡期

自宋以前，以广东之交通，而一国食其利；自宋以后，以广东之交通，而一国蒙其患。固由人谋之不臧，抑亦其所遇之国族，有以异于古所云也。自汉以来，罗马屡欲与我通，为波斯所遮，不能自达，故千余年间，相往还者，惟亚洲毗西之安息、大食人。及元以后，欧人始踵接入中国。自元人勃兴东方，跨亚欧二洲，建设一大帝国，其时东方为主动者，西方为被动者，东西诸大民族，渐有短兵相接之势。其时欧洲方兴十字军，联合景教国以抗回教国，而蒙古人亦正与波斯及小亚细亚诸回族构衅，故各取远交近攻之策，不期而相结以为重。元定宗元年（1246年）罗马教皇遣柏朗嘉宾使元，诣和林。宪宗三年（1253年），法王路易第九复遣路卜洛克使焉。及元世祖至元八年（1273年），意大利著名之旅行家马可波罗复衔教皇使命入中国，大为元主所亲信，历官至扬州刺史，凡在中国三十年。归而著一书，为欧人言中国事者之嚆矢。自兹以往，为欧亚交通一新纪元。

元代交通，陆盛于海，故其时之广东，无甚可纪者。虽然，自马可波罗之著书既出世，刺激眩惑，全欧人之脑中，心醉此都，发于梦寐。复有一意大利教士奥代理谷者，由康士但丁出波斯印度之沿岸，至广州上陆，为迦特力教初布教于中国之始。凡旅居十三年，归亦著书，与马氏作桴鼓应。于是欧人竞欲觅新航路以通亚洲，此亚非利加与亚美利加两大陆之发见所由来也。及东洋印度新航路开通，而世界之大势一变，广东遂为中国忧患之伏根地。

九、广东交通忧患期

葡人嘉马之发见新航路，实当我明之弘治十一年。自兹以迄今日，中国海疆，日以多事，而广东常当其冲。今分国记述之。

（一）葡萄牙。东洋通商之先登者，葡人也，于印度有然，于中国亦有然。正德十一年（1516年），葡人蒲士特列罗始乘小筏至广东，欧人揭国旗于中国海上自此始。翌年有安得里都者，复率八船至焉。吾遇之甚厚，许以圣约翰岛资其碇泊。自此以往，来者相续，越二十年，至嘉靖十六七年间（1538年）。而葡人出入之要区三：一圣约翰岛，二廉帕高岛，三澳门也。其始廉岛最盛，嘉靖末叶，旅居者常五六百人，澳门始不过以修难船、晾贡物为名假居之。万历元年（1573年），我政府筑砦自画，默许其居留，澳门始盛。十年（1582年），始定僦借之约，岁纳租五百两。自是澳门握东洋贸易霸权者百余年，及英人起而始衰。然道光二十九年（1849年）以还，岁租不贡，渐与我争领地主权；光绪十三年（1887年），遂借他国之援，迫我订割让条约。此地者，于吾国割地历史中资格最老者也。

（二）荷兰。近世史之初纪，与葡萄牙争商权者，则荷兰也。荷人既植根据于南洋群岛，乃觊觎中国。天启二年（1622年），以舰队十七艘谋夺澳门，葡人御焉，粤人助之，以故不得志，乃退而据澎湖。其与广东之关系不深。得澎湖后，进略台湾，未几郑延平攘而去之，故荷兰始终不能有大影响于我国。

（三）西班牙。西班牙于嘉靖四十四年（1565年），略菲律宾群岛，以此地为与中国通商之媒介，而进取之地，亦以广东。今墨西哥银犹盛行于广东，实西班牙领墨时代之余波也。

（四）法兰西。自昔与广东交涉甚稀，自越南战役以后，势力日进。光绪二十四年（1898年），遂割广州湾，且订两广不许让与他人之约。

（五）英吉利。英之入中国，在葡荷诸国之后，其所凭藉亦微。明崇祯八年（1635年），始有一船入澳门，实为英船抵华之嚆矢。船长滑德乞互市，将许之，葡人谗焉，遂不果。英人怒，攻澳门，夺其炮台，寻退。会明清鼎革，商务复不振。康熙三十九年（1700年），东印度会社派伋志菩尔为全权，欲推广商业于中国，得舟山为暂驻地，然以征税重，不能有利。至嘉庆七年（1802年），欧洲革命乱起，其影响忽波及广东。时英法方相阋于欧，惧法之占澳门也，乃借保护葡境之名，突以兵上陆。我政府为严厉之抗议，遂引退。而当时鸦片已盛行，我政府于嘉庆五年（1800年）、二十五年（1820年）两次严禁，密卖滋益盛。

两国皆苦思焦索，以期解决此问题。时则英国有伟大之政治家巴麻斯顿，以其锐眼及其辣腕，一意以扩势力于中国为务，迭派通商监督尼菩尔、鲁敏逊赴广东，皇皇然欲图一置锥地；我国则有雄迈果决之林文忠，任两广总督，彼此相持不下。道光十九年（1839年），遇有复收鸦片二万二百八十三两烧弃之于白鹅潭之事，英舰据占领香港，其将布冷墨尔更率舰队陷定海、舟山、乍浦，封锁厦门、宁波，直窥白河，胁北京，寻陷吴淞、上海、镇江，迫南京，全国震恐。卒使耆英与英国全权濮鼎查媾和，实道光二十二年七月二十四日也（1842年8月29日）。史家名其战争曰“鸦片战争”，名其条约曰《南京条约》。

自兹以往，广东之地位一变，全国之地位一变。此役也，实我国人欲忘不能忘之大记念也。越十五年，即咸丰六年（1856年），以领事会晤被拒之远因，以“亚罗”船水手被逮之近因，战事再起，前后亘四年，卒乃俘叶名琛，燔圆明园。逮八年（1858年），更订《天津条约》，十年（1860年），更订《北京条约》。

尔后四十年来，交涉日多，忧患日丛。虽然，固中国全局之事，非广东一部分之事也，故兹略焉。自吴邈受大秦使节，以讫叶名琛为印度俘虏，上下二千年间，广东常为轻重于世界。而追想唐宋时代，市舶使裁判官等堂皇之威严，与夫波斯湾亚丁岬上国旗之摇曳，古亦日月，今亦日月，先民有知，其谓我何！吾叙述至此，而不禁获麟之涕也。

十、广东与世界文化之关系

论泰西古代史者，必以腓尼西亚（Phoenicia）占一重要之位置，谓其为小亚细亚、埃及、希腊三种文明之媒介也。求诸东方，则广东庶几近之。今举广东对于世界文化上所贡献者如下。

（甲）自西方输入中国者：

（一）宗教

（A）回教。苏哈巴以教主之父行，初至广东，其为最初传入者甚明。

（B）耶稣教。（1）景教，今之所传景教流行中国碑，属尼士特拉派，耶教之别宗，当时行于波斯者也。六朝、唐间，广东波斯交通最盛，必由广东输入无疑。（2）迦特力教（即罗马旧教）。元代意大利教士奥代理谷始至广东，为罗马旧教入中国之始，当时信奉颇盛，未几中绝。明万历间，利玛窦与其徒至广东，居肇庆十余年，实由罗马教之东洋布教会所派也。（3）婆罗的士坦教（即新教）。嘉庆十二年（1807年），英人摩利逊始至广东，留二十五年，译《新旧约全书》，耶稣新教之输入自兹始。

（C）佛教。佛教虽早已至，然自广东海运开，往还特便，高僧接踵至，其助发达不少。若达摩之留粤（今粤城有西来初地即达摩最初之迹也），后即传钵于粤人（六祖慧能），其影响于宋明学界者尤大也。

（二）学术

（A）历算。利玛窦在我学界，为重要人物，尽人知之。彼翻译事业，其修养全在广东也。

（B）语学。米仑氏之《英华字典》成于道光三年（1823年），实欧亚字书之嚆矢。米氏旅粤凡二十五年，所译皆粤音也。近三十年前，粤人所续编之字典，至今犹见重于学界。日人之研究英语，其始亦藉此等著述之力不尠。

（C）医学及其他科学。广东博济医院，实为西医入中国之始。又道光间广州出版之《博物新编》等五种，近世科学最先之译本也。

至最近数十年间，泰西之技术思想，以次输入中国，其发起及传播者，广东人实占重要之地位，今不具征。

（乙）自中国输出西方者：

罗盘针也，火药及火器也，制纸法及印刷术也，此三者，为西人致富强之原，然皆由十字军东征时，经阿剌伯人手，间接传自中国者。阿剌伯人至中国者，以广东为第二故乡，则此三物第一之贩卖场，实广东也。又蚕卵一物，我梁简文帝大宝元年（550年），一波斯人由广东携归康士但丁，西方之有丝产始此。又陶器由广东人精制后，更大输出于泰西。至西纪1708年，德国名匠勃查苦心研究，终青于蓝，而中国派之绘画美术，亦缘此以浸被于欧洲。凡此皆广东人对于世界文化上之贡献也。

十一、广东人之海外事业

广东人于地理上受此天然优胜之感化，其剽悍活泼进取冒险之性质，于中国民族中，稍现一特色焉。其与内地交通，尚不如与海外交通之便，故其人对内竞争力甚薄，则对外竞争力差强。六朝、唐间，商船远出，达于红海，尚矣。即自明以来，冒万险，犯万难，与地气战，与土蛮战，卒以匹夫而作蛮夷大长于南天者，尚不乏人。以吾所考闻者：（一）三佛齐国王梁道明；（二）三佛齐国王张琏；（三）爪哇顺塔国王某；（四）暹罗国王郑昭；（五）戴燕国王吴元盛；（六）昆甸国王罗大；（七）英国海峡殖民地开辟者叶来。以上七人之事业，见《新民丛报》传记门，今不再述。

夫明清之交，欧人经营南洋，始发轫焉，而我著著皆占先鞭。使有政府以盾其后，则今日此诸域者，恐无复英法荷班人插足之余地也。此真粤人千古之遗恨也。

今我同胞在海外者，无虑五百万，而粤人三之二焉。宛转依人，嘻其惫矣。而南洋矿权，半在我手。近两年来，墨西哥、秘鲁航路新开，粤民以自力悬国旗往复于太平洋之船，既数艘焉，而墨西哥一隅，渐有为有秩序之殖民者，成绩且过于日本。呜呼！宁得谓吾民之终不可用也。

十二、广东之现在及将来

今之广东，依然为世界交通第一等孔道。如唐宋时，航路四接，轮樯充阗，欧洲线、澳洲线、南北美洲线，皆集中于此；香港船吨人口之盛，虽利物浦、纽约、马赛不能过也。若其对于本国，则自我沿海海运发达以后，其位置既一变，再越数年，芦汉、粤汉铁路线接续，其位置将又一变。广东非徒重于世界，抑且重于国中矣。独惜卧榻之鼾，殷殷盈耳，覆巢之卵，咄咄困人。仰溯前尘，俯念来许，旁皇终夕，予欲无言。

（选自《饮冰室合集·文集》之十九，中华书局1989年影印版，有删节）

历史上中华民族中坚分子之推移与西南之责任

张君劢

张君劢（1887—1969），名嘉森，字君劢，江苏宝山人（今上海宝山区）。民国时期著名政治家、哲学家，后为新儒学十大代表人物之一。曾任北京大学、中山大学等校教授，中国民主社会党领袖。主要著作有《新儒家思想史》》《民族复兴之学术基础》《儒家哲学之复兴》等。

我想中国数千年的历史，自地域性的观察，把他分为三个时期：第一，是黄河流域时期；第二，是扬子江流域时期；第三，是珠江流域时期；可以说中国文化之变迁，是从黄河流域到长江流域及珠江流域。换一句话说，古代之重心在北方，近代及最近代之重心在南方，这是历史的地平之推移，想来无论何人不至于否认的。但有人说，这话不对，春秋时的吴越及楚国，均在长江流域，与黄河流域同其重要。又有人说，秦汉时，赵佗受汉高祖封为南越王的故事，可知珠江流域，在古代已同在中华民族文化圈内。拿这个话不能把我前说之三个时期的话推翻，因为春秋时的吴越及楚国，虽未尝不在古代文化圈内，然决不能与三国之吴，唐之江淮，宋之南渡时代之长江相提并论；至于以珠江流域，归入古代文化圈内，更为不伦！我们知道明嘉靖时，王阳明进征广西的思恩，名为“平广西蛮”，从此看来，说古代之珠江流域与黄河流域同等重要，是说不通的。所谓文化重心的话当自三项观察：一、建都所在，二、战事所在，三、人物的多少，从这三项看来，中国文化由黄河流域而移珠江之说，已无疑义了。

夏禹即位于安邑（即今之山西河东道安邑县），商汤以亳（即今之河南商丘县）为都，周之西都为镐，乃至太公封于齐，周公封于鲁，召公封于燕，叔度封于蔡，何一非今日之山东山西河南陕西的地方呢！至当时的孔孟产于鲁邹，荀子生于赵，都用不着说。有人说老子是南派，楚人，近已有人辨了。这样看来，从夏商周起至七国齐晋秦楚，没有一个不在黄河流域范围之内的。

至于长江流域文化之萌芽，最初在春秋时吴越之争，吴王当时住在姑苏（即今之苏州），范蠡浮于五湖（即今之太湖）。从这看来，长江流域，已属重要；但这些历史的事实，等于汉高祖之封越王赵佗，不能因此而说长江已为中国文化之重心。楚汉之际，项王、高祖皆为今之江北人，而当时长江流域之重要，尚未发生，自建都和战事两方面来说，长江流域之重要，自三国时代起的，因赤壁之战，与吴之立国于建业（即今之江苏江宁县）是在这时候，至东晋之渡江南迁，建都于现在之南京，更是继吴之后，而以南方为都城了。到南北朝之宋齐梁陈，据有南方之地，均建都于建康，是为南北朝的对抗，为南北的同等重要性之竞争时期。然必有人问我，中国文化在晋时已到长江流域，为何到隋唐的都城，又转到黄河流域呢？隋唐两朝，皆以黄河之人，统一中夏，唐起于西陲，鉴于突厥之威胁，故其政治重心，自不能不复移于黄河。宋太祖以直隶人而为天子，建都于洛阳，洛阳就是当时的梁州，宋太祖的发祥地，且以北方为重，正所以防辽金的边患。自宋高宗南渡以后，战事皆在扬子江，上流为荆湘之间，更以建都临安之故，江淮之防，更为重要。就人物来说，北宋时有司马光及二程夫子等，皆为北方人。如欧阳修为庐陵（即今江西之吉安县）人，三苏为眉山（即今之四川眉山县）人。至南宋之际，人物多属长江流域，如朱子为安徽人而移居福建，文天祥为江西人。乃至一部宋儒学案，三分之二为福建人。从上面看来，则政治文化之重心，由长江而推移于江浙福建。故拿大势来说，第二个时期是扬子江流域。

第三是珠江流域。唐代的交通以广州为最盛，我们知道唐代求法高僧，有自陆地往印度，而回来时走海道，则以广州为登陆地。可知当时的广州，等于现在的香港；然广东之真正重要性，不能不说是始于十六世纪与欧洲交通后。明之正德即西历一五一六年葡萄牙人始到广东通商，从这时期始，西洋十字会教士，多从新加坡而到澳门，又从澳门至广东，当时天主教有多数人到中国传教，利玛窦即由澳门而入肇庆，此为明末与西洋之交通，一直到康熙时来者不断，则西方文化与中国文化接触，实以西南为开始。及雍正乾隆之际，交通稍为停顿，英使马尔戛尼的观见，为一七九三年，至十九世纪之初，交通又复繁盛。一千八百四十年广东有鸦片之战，则为两文明优劣之第一次试验，甚至欧西思想，影响于中国之政治。而洪秀全以耶教天父之教为基础而图建立太平天国，此与后来康有为见耶稣的势力，而提出孔子创教孔子改制的学说，同为新刺激的新反应。最近四五十年中国之维新与革命运动，何一件不是源于两广；从此可以证明中国的命运，中国政治的担子，是早在两广的身上挑起的，是为珠江流域之第三期。这是从文化由北而南的趋势，以推西南责任的第一个理由。

其次，我把中国民族在历史上对外之抵抗力如何审查一下，黄河流域，什么时期负抵抗外力的责任。扬子江流域，什么时期负抵抗外力的责任。从这证明，亦可以说今后抵抗外力的责任，惟有西南人负起！

在中国历史上，大家目秦始皇之焚书坑儒为中国文明最倒霉的时期，因是与全盛时代之周，划然分为一新时期，然自民族之武力或抵抗力观之，秦始皇和汉武帝，实为民族英雄，不能看他全坏。秦始皇筑长城，起临洮至辽东，广袤万余里，我们现在抵抗外力之喜峰口、古北口，而赖以保障的，不能不说是秦始皇的功施于四千年之后；至汉武帝的功更大，通西南夷，令张骞使西域，令卫青、霍去病击匈奴，当时以为穷兵黩武，然至西汉之末，匈奴单于请朝称臣，东汉安然没有边患，不能不说是汉武帝大有造于中国，若没有汉武，恐怕五胡乱华便等不到晋朝了。南北朝是最混乱的时期，也是我们的文化最衰落的时期，后至唐代又复兴盛，唐平回纥，征高丽收交趾，这可为汉族的光荣历史，回溯中华民族历史的人，没有不以此为光荣的。

自三国以远，长江流域变为重心，五胡乱华之后，北方沦于夷狄，古代之繁华，已烟消火灭，而抵抗力之发生，亦仅于长江流域见之。

其时珠江流域，尚未开发，未进文化圈内，自然不能负担这责任。试看当时之北方刘渊为匈奴而居岳阳，石勒为羯而居上党，慕容为鲜卑而居昌黎，长淮以北之地，既无处不为五胡盘踞，当时汉满族之抵抗力，只以长江流域为中心，故东晋名士渡江，游宴新亭之际，王导说：“当共戮力皇室，克复神州，何至作楚囚对泣耶？”新亭即今日的南京。祖逖渡江击楫而誓日：“不清中原而复潜者，有如此江。”这种宣言，是当日长江抵抗精神的表示，至今为全国传诵的故事；至于陶侃生于江西，亦为当时长江富于抵抗性的人，他做广州刺史时的生活，没有一个人不知道的，他在州没有事时，朝运百甓于斋外，暮运百甓于斋内。人问他这是什么缘故。他说：“吾方致力中原，过尔优逸，恐不堪事，故自劳耳。”后转荆县刺史，曾对人说：“大禹圣人，且惜寸阴，至于众人，当惜分阴，岂可逸游荒醉……是自弃也。”而诸参佐以谈戏发事者，命取酒器及蒲博悉投之于江日：“樗蒲者，牧猪奴戏耳。”陶侃尤反对东晋之清谈，日：“老庄浮华，非先王之法言，不益实用。”而东晋延数十年之祚者，陶侃实有很大的感化力量，由此可知东晋时代的华族重心是在长江流域。此外更有二事可以证明：第一，宋之南渡，第二，明朝的将亡之际。我们把上面东晋、南宋、明之将亡之事实摆在一起，可以看出背景相同。我反抗力之发生地，亦复相同。黄河流域之衰弱，达于极点，辽兵在黄河，势如破竹，且达于扬州，乃自岳飞李纲之抵抗后，南宋得以安居于临安，其时战事之重心，皆在长江。上游为荆湘，下游为淮扬。及南宋之将亡，其《咏零丁洋》之诗曰“人生自古谁无死，留取丹心照汗青”之文天祥，是江西人，是长江流域的人。其驱妻子于人海，后负宋王入海而死者是陆秀夫，是江苏盐城人，是长江流域的人。崇祯死后明之南渡，有闽王唐王福王桂王起于浙闽桂滇诸省，其起义师者，为黄宗羲顾亭林辈，其相从入桂省为瞿式耜，皆长江流域之人物，其所凭藉之地，为福建广西，此无不为大势由北而南之明证。再说清定鼎后，中华民族不甘做满清的奴隶，均走海外，于是有三点会者为今日华侨之致公党，以云洪秀全之太平天国，与后来之革命运动，大势更是由长江而移于珠江，这自民族抵抗之经过，而证明西南责任之第三个理由。

诸君假定问我，为什么今后救国之责任，西南为特重？又有人问我，这些话向云贵等人去说话亦何不可呢？我到广西没有几天，观察接触的各方面不多，但觉得广西地位及其性质上约有五特点：一、广西省在中原文化史上为后起；二、广西人富于自信力；三、广西人有勇气；四、广西人诚朴，故易一心一德；五、广西人能刻苦耐劳，故合于革新时代所需要之清教徒的精神。此五大特点之中，其第三点，换一名词来说，可名日“少不更事”。惟其少不更事故，能有朝气，故愿意有所作为。试一思之，五六十岁的人，阅历已多，饱经世变则其前进的兴奋，决不能与二三十岁的青年相比，个人如此，地方的人民亦然。吾来此后，常闻此间以广西人文化落后为耻，文化有好的方面与坏的方面，科学发达，理智发达是好的，因此而有“文敝”的病，则是坏的。广西人因文化落后而保留许多好性质，是一件不可忽略的事件，试想七国争雄的时候，当目诸侯皆“以夷狄退者摈斥之不与同中国之会盟”，然卒图六国者，非楚非齐，乃秦国耳。罗马所以灭希腊，日耳曼民族又灭罗马，皆可以同类而并观。惟其为粗悍乃有朝气，乃有自信力，乃有勇气而所向无敌。文化落后的缺点，固当矫正，然其优点，不可不图保存。

今后救国运动中，西南人所凭藉者，自较他处为优胜，而所负责任亦特重，敢望诸君本目前之方针，努力前进，以复兴中华民族；至于黄河长江两流域，虽似衰退，然表同情于广西而乐于携手者，亦为不少。我历游各地，罕见如广西军民一致，罕见如广西当局能认识近世立国之基础。此种精神，此种态度，愿以十二分心力，为拥护广西之一人。这种拥护，绝不是出于当面恭维的意思，是为复兴中华民族，简单一句，就是为国家的缘故。希望各位把自信力坚强起来，由北而推广到西南，再进而到长江流域，到黄河流域，恐怕也不仅是我个人的私愿，也是全国人民的期望。

（选自《民族复兴之学术基础》，中国人民大学出版社2006年版）

南方的文化运动

朱谦之

朱谦之（1899—1972），字情牵，福建福州人。中国当代著名的哲学家、历史学家、东方学家、宗教学家，被誉为“百科全书式学者”。历任暨南大学、中山大学、北京大学教授，中国科学院研究员。主要著作有《中国景教》《日本哲学史》《老子校释》等。

一

谦之此次南来讲学，实抱有坚定的决心，就是愿尽一己所有能力，和南方的朋友们，共同从事南方的文化运动。自民国二十年秋以来，帝国主义者所给我们的侮辱，使谦之感觉一己的生存是可耻的。我自沪而平，又自平而粤，处处触目惊心，眼见得中华民族已经一步一步走向灭亡的路上。总而言之，在反抗强权的战线上，北方是已经绝望了，中部富于妥协性质，亦不足以见我民族抵抗的能力；中华民族复兴的惟一希望，据我观察，只有南方，只在南方。南方文化虽未成熟，然实为未来中国兴亡存续之一大关键，如南方无望则中国亦无望，我们自下而上的努力，都等于无意义了。

我并无丝毫排斥北方文化和中部文化的意思，而且刚刚相反，如果一切的文化的本质，应从斯宾格勒（Spengler）解释，都是“宗教的”，则北方正所以代表“文化”（Culture），而南方却是个“文化的沙漠”——所谓“文明”（Civilisation）。可是从另一方面来看，则宗教的文化分布区即黄河流域，实充满着服从与倚赖自然的心理，在文化这是最成熟的了，然而无所用于今日反抗强权的中国。老实说罢，北方文化实在太老了，老到好比一座“死城”，在死城中充满着安静寂然的乐趣，然而这种古化必然凝结成封建势力之无抵抗的策略，和学术上的考古倾向。反之中部即扬子江流域，多产生教育上的人物，学说思想发达，人民富有国家观念，这种优势的文化，自然而然趋于调和适中，政治上表现则力求进步而忌极端，当然在反抗强权的战线上，也是只求“顺应”环境，而不能积极抵抗的。并且事实告诉我们，能积极反抗强权的，过去只有十九路军一月战绩，十九路军就是以粤籍将士为中心的。由此可见从中国文化分析的结果，要使中华民族不亡，惟一的希望，无疑乎只有南方，只在南方，即珠江流域。北方在政治上表现保守的文化，其特质为服从而非抵抗；中部表现进步的文化，其特质为顺应强权；只有南方才真正表现革命的文化，其文化特质就是反抗强权，现在中国所需要的正是反抗强权之革命的文化，所以我决心从事南方文化之建设运动。

二

德国文化社会学者雪雷（Max Scheler）曾反对孔德之“三阶段的法则”，则提倡所谓“知识社会学”。他以为神学的、形而上学的和实证的认识和思考，都非孔德所说似的为历史的阶段发展，而为人类精神中原有之三种不同的认识形式。他说人类的知识，可分三种：

（1）解脱的知识；

（2）教养的知识；

（3）实用的知识。

在文化之地理上分布，如印度即代表解脱的知识，中国代表教养的知识，即本质的知识，欧洲则代表实用的知识。Max Scheler这种非历史主义虽不免错误，但他对于知识的考察，却是对的，而且同样也可应用来讲中国文化之地理上分布。依我意见，北方黄河流域即代表解脱的知识，中部扬子江流域可代表教养的知识，南方珠江流域可代表实用的知识，即为科学的文化分布区。固然在空间上说，这三种知识，各形成其特殊的文化模式，因而各有其特殊的文化价值，表现为各种特殊的文化团体；这就是说，无论何方都应努力发扬其固有的文化，以完成最高的统一文化。然而在时间上说，中国文化现阶段实应注全力于实用的知识，即注全力于科学文化的建设事业。我们须知北方文化即解脱的知识，只算得文化的起点，而Spengler所反对的“文明”，实为人类文化由精神的到物质的表现。文化不但如Spengler所说都是“宗教的”，反之文化的最高结晶，仍在于实用的知识中，物质生活的建设中，只有科学文化才能给中华民族以一道生机，然而科学文化的分布，只有南方，只在南方，所以我决心从事南方文化之建设运动。

三

所谓南方文化，从知识的进化言之，就是科学的文化；从物质的进化言之，就是生产的文化。再从文化社会学的观点来看，在中国只有民族的无产阶级（大贫）与半无产阶级（小贫），才能创造出产业的文化与运用科学的文化，对于帝国主义，不消说又是革命的文化了。我祝南方文化的新诞生！我愿贡献一生来从事南方文化之建设运动！

民国二十一年，八月二十八日，广州

（选自《朱谦之文集》，中山大学出版社2004年版）

广东与中国

陈序经

陈序经（1903－1967），字怀民，广东文昌县（现属海南省）人。著名的历史学家、社会学家、民族学家、教育家。1934年发表《中国文化之出路》一文，在全国引发一场激烈的文化大论战，成为“全盘西化论”的代表人物。曾任岭南大学校长、中山大学副校长、暨南大学校长。主要著作有《中国文化史略》《疍民的研究》《社会学的起源》等。

广东在中国，无论在文化上，在抗战上，都占了很特殊与很重要的地位。

从文化的各方面来看，广东不但是新文化的策源地，而且可以说是旧文化的保留所。从历史或今后的民族抗敌来看，无论在消极方面，或积极方面，广东都可以说是抵抗外侮与复兴民族的根据地。

我们现在先从文化方面说起。

我国北部经过五胡乱华而尤其是宋室南渡之后，北方人士之有气节与能力者多向南迁移，因而我国固有文化的重心也随之而向南推进。这些固有文化，在北方，因受异族统治之下，发生变化或逐渐湮没，而却存在南方，而尤其是在广东者，实在不少。我所以说广东为旧文化的保留所，就是这个意思。

关于这一点的最显明的例子，要算广东的语言。广东话是中国现存最古的语言，这是大家所公认的。又广东话不但历史比较久，而且声音较丰富，语言是文化的主要原素，也是文化的根本基础，从历史较长的语言里，我们可以认识历史较长的文化。

又如《论语》所谓“四方之民襁负其子”的襁褓，在北方各省早已没有，而在两广及西南各省却随处可见。古代燕赵慷慨悲歌之士，喜吃狗肉之风，至今尚遗留在广东。战国载“周人谓鼠未腊者朴”，那么周人不但吃鼠，而且有腊鼠。比方在广东的疍民社会里，还可以找出吃鼠肉与腊鼠肉之风。广东人所居房屋，而尤其是广东各处的祠堂，据一位德国工程师的研究的结果，是最能代表中国固有的建筑艺术。

家族是中国社会的基础，可是家族观念最浓厚的地方，要算广东；家族组织最完密的地方，也要算广东。因此之故，崇拜祖宗的热诚与迷信风水的习惯，比任何处都要厉害。因而祠堂遍地，有的乡村除了共有祠堂之外，还有好多支派的祠堂。再进而一县、一州、一省，也有共有的祠堂而成为一种“联邦式”的组织。这是北方所很少见的现象。又近来有人调查以为广东的田地有了一半是在祠堂之手。这种统计是否确实，我们不必在这里讨论，但是广东的“祖田”之多，是没有可疑的。家族制度之影响于经济制度，可以概见。至于家族制度之与教育及他种制度之关系，也很明显。

又如在思想方面，广东人之极端守旧，比之他处也较为厉害。陈焕章以及维新运动失败后的康有为，是大家所知道的。民国以来香港可以叫做尊孔的大本营，这虽与殖民地的政策有关，然也是粤人守旧的一种表示。中央政府在南京建都以后，中央要人如戴季陶先生们，极力鼓吹孔教，然而通令祀孔，中央政府却在广东陈济棠先生之后。

上面不过随便举出几个例子，然而这也可以说明广东之所以为旧文化的保留所的理论。

自中西海道沟通以后，西方文化，继续不断的输入中国。中国文化，无论在经济上、政治上、宗教上、教育上……都受了重大的影响，逐渐的趋于新文化的途径。固有文化在这种情形之下，也逐渐的呈了崩裂的状态。所谓固有文化的残缺之尚留存者还能延长下去多久，我们不必在这里讨论，我们所要注意的，是自从西方文化传入以后，因为地理以及其他的原因，粤人为这种新文化的先锋队，广东成为新文化的策源地。

因为广东为中西交通的枢纽，故新式商业发达较早。比如先施、永安、大新等规模较大资本较厚的百货公司，固为粤人所创始，就是其他各种较小的新式商店，也多为广东人所首创。就工业方面来看，奏请开设较早的江南制造局的固是曾国藩，可是江南制造局的规模的计划，以至机器的订购与转运，是全赖容闳。丝业为我国出口之大宗，可是我国新式丝厂的成立，可以说是始于陈启源。陈氏在光绪初年，在安南经营商业，见法人在那里所设立的缫丝工厂里所用的新式缫丝机器，因而创造脚踏机，以人力代火力，其后又改用蒸气原动力。又如南洋兄弟烟草公司，张裕酿酒公司，以至装饰品方面的广生行，糖果饼干方面的马玉山，都可以说是新式工业的先驱。

在矿业方面，开平矿务局是近代矿业的嚆矢，可是当李鸿章奏请设局开矿的时候，其资本二百二十万两，差不多完全是广东唐廷枢所召集。

在交通方面，第一次由国人自己计划与建筑的京绥铁路是詹天佑。容闳在一八六七年已呈请政府当局设立轮船公司。这可以说是招商局的种子。此外广东华侨数百年来，在海外所经营各种企业与实业，不但在海外占了很重要的地位，即对于广东及整个国家的经济上，都有莫大的帮助。

清初屈大均在其《广东新语》里已说过："吾广谬以富饶特闻，仕宦者以为货府，无官之大小，一捧粤符，靡不欢欣过望，长安戚友，举手相庆，以为卜群膻境，可以属餍脂膏，于是争以母钱贷之，以五当十，而厚责其赢利。"

总之，广东因为商业发达较早，在经济上占了优越与特殊的地位，因而各种物质生活与经济组织之趋于现代化，也较他处为早。

在政治方面，太平天国之勃起，主要是藉基督教以号召群众。所以曾国藩在其《讨粤匪檄》里说："粤匪窃外夷之绪，崇天主之教……举中国数千年来之礼义人伦诗书典则，一旦荡尽，此岂独我大清之变，乃开辟以来，名教之奇变，我孔子、孟子所痛哭于九泉。"然而最奇特的是拥护孔孟的曾国藩终不得不窃外夷绪以平太平天国。而提倡"外夷之绪"的洪秀全，到了南京坐金銮殿之后，却去提倡科举之制，劝读孔、孟之书。

又如维新运动的康梁，都是粤人。维新运动虽然昙花一现，转瞬凋零，然在历史上的意义却很重要。它不但与甲午之败以至庚子之祸，都策源于广东，这是妇孺所共知，用不着详加叙述的。

在宗教方面天主教的利玛窦是一五八二年抵澳门，他后来在肇庆、韶州住了十余年，学习中国语言，考察中国风土，翻译西书，画绘地图。然其主要目的，却是为宣传宗教，罗致信徒，与设立教堂。据说当时制军刘节斋，不但同情于天主教义，而且劝利玛窦在韶州设立教堂。直到晚年，他因为得了定安王忠铭及其他的士大夫的帮忙，始赴北京。至于新教的马礼逊，自一八〇七年到广州后，始终致力于在广东宣传宗教。而国人之信仰新教较早，宣传最力的是粤人梁发。

在教育方面，较早留学西洋的如清初香山郑推信，用不着说，近代留学的先锋，要算容闳、黄宽、黄胜三位。黄胜到美国后，不久因病回国，成就较少。黄宽留美后又留英国爱丁堡大学，专攻医科。据容闳告诉我们，他不但是中国的医学的先驱，且为好望角以东的最负盛名的外科医生。所以旅粤的西人，欢迎黄宽，较甚于欢迎欧美医士。容闳回国后不但对于曾国藩的新政，帮助最力，对于维新运动，对于革命运动，都有关系。然而他最大的贡献还是在新教育的传播上。他是第一个主张派送留学生去西洋求学的人。从一八七二年至一八八二年之间，政府分批派送百余留美学生，这不但是由他发起与计划，而且他亲自带学生出洋。此后留学的派送，以及留学生之影响于中国，都可以说是发端于容闳。又在维新运动的时候，康有为劝了光绪废除科举之后，又劝光绪振兴学校，也是我国新教育的主要人物。

此外梁启超的文字革命的主张、白话小说的写作与其通俗文体的流行，以至于黄公度的新诗，对于近代白话文运动均有深刻的影响。至于妇女运动、劳工运动与新都市的运动等等，都可以说是策源于广东。

广东是旧文化的保存所，又是新文化的策源地。因而粤人既是旧文化的守护者，又是新文化的先锋队。这好像是自相矛盾，这好像是趋于极端，然而极端守旧与极端的维新在文化上固有差异，在民族性上是可以说是一致。中国今后需要那一种文化，凡是稍能留心我国文化的以往的趋势，与今后的急需的，都能容易明白。至于极端的民族性，从我们传统的《中庸》的思想来看，也许不对，可是从我国今日的情形来看，却很需要。其实我们的祖宗在过去所以不愿受统治于五胡、辽、金、蒙古、满洲而向南迁移到广东来，到外洋去，就是不愿同化而表出极端的性格，同样，我们的祖宗在汉时，在唐代，竭尽兵力，征伐南蛮，斩荆棘，开疆土，就是不甘自足而表示极端的性格。这样看起来，极端是冒险，极端是进取。极端才不怕死，极端才作革命。不怕死然后抵抗强敌，作革命才能复兴民族。我所以说广东是抵抗外侮与复兴民族的根据地，就是这个意思。

中国民族的发展，大致上，可以说从黄河流域而至长江与珠江流域。汉以前，长江以南，还是荆蛮。汉时越王赵佗还自称为蛮夷。但是经过汉、唐两代的南进，与晋、宋两代的南迁，汉族逐渐的繁殖于珠江流域。汉、唐的南进与晋、宋的南迁有其根本的不同之处。因为前者是自动的南进，而后者是被动的南迁，前者是因强盛而南移，后者是因衰落而南来。然而从民族主义的立场来看，两者却有其相同之点。因为强盛而南进固可以表现出我们的民族的精神，因衰弱而南迁，也可以表现出我们民族的思想。因为因衰弱而南迁在消极方面是表示我们不愿受民族的统治、压迫与同化。在积极方面，我们还要与南方的原有民族相抗争，而与汉、唐的南进的结果，没有多大差异。我们知道，道光时湖南尚有苗患，光绪时广东还有黎患。这可见汉族与南方原有的民族的抗争的时间之长，至于在南洋的华侨之与异种民族的争竞，也不外是这种抗争的历史的延长，与范围的扩大而已。

好多人类学者与历史学家告诉我们，现在安南、暹罗与马来半岛，各处的土人，是由广东与西南各省迁移的。这就是说：他们是因汉族的南进而南迁。汉族愈向南推进，他们愈向南迁移。正如湖南的瑶壮，因汉族的南进而移来广东，广东的汉族，不但移到中国最南的边境，而且推进到南洋海外各国。从民族的立场来看广东人，不但是民族向外发展的先锋队，而且因与异种民族的抗争的时间较为长久，民族思想的色彩，也可以说是因之而较为浓厚。

而况自东西海道沟通以后，西洋各种民族，接踵而来，广东人之在广东与南洋的，都因其地理与他种原因，与这些民族最先接触。因而近代西洋民族主义之影响于广东人也较为深刻。所以广东人在民族革命上与抗抵外侮上都占有特殊的地位。中国近代民族革命运动，可以说是始于太平天国，而发展于孙中山先生，然而这两种革命，正如上面所说，都是策源于广东。至于冯子材之败法军于谅山，十九路军之抗日，都是抵抗外侮的表示。

近来有些人，以为历史上，只有北方统治南方，没有南方统治北方。因此以为敌人主要自北而南会演历史上的故辙，然而他们忘记了近代历史，已与已往历史不相同。在中国固有的文化统治之下，北方固是统治南方，然而自西洋文化从南方输入之后情形恰恰相反。太平天国不是起自南方吗？革命运动不是起自南方吗？广东是新文化的策源地，在过去，广东人曾利用这种新文化去推翻满清，去抵抗外侮。而今而后，广东愈要格外努力发展这种新文化，去抵抗外侮，复兴民族。

（选自《东方杂志》1939年第2期）

编者补白：赵立彬教授《南方文化视野下的广东近代政治与革命——以陈序经的论述为中心》（《中山大学学报》2004年第3期），更全面介绍了陈序经的东西文化观对南北文化观的现代性转换，并强调了其启示意义："首先，应当立足世界先进文化的视角来看待近代南方文化的崛起。近代以来，南方是西学东渐的主要通道和中西文化交汇的首要平台，形成了融合西方文化的'南方文化'……这一新型的文化具有进步性。其次，应当从文化对政治的基础作用的角度来认识近代广东的政治与革命。经济、文化与政治是一体三面，相互作用的，文化的先进性必然导致对原有观念、制度和秩序的冲击，从而使得思想武器转化为政治武器，思想革命演变为政治革命。广东是近代民主革命的策源地，而以广东为代表的南方文化则是近代政治与革命的底蕴。再次，应当从文化辐射的趋势来理解区域文化的宏观历史功能。近代以来，先进的西方文化借助于'南方文化'，逐渐推进全国，促进了中国文化和社会的现代化，并由此而揭开了风起云涌的革命历史。先进的地区文化的发展对于全国政治和社会现代化的意义，于此可证。"

近代“岭南文化中心说”典型述论

杨念群

杨念群，1964年生于北京。中国人民大学清史研究所副所长、教授、博士生导师，国家清史编纂委员会委员，复旦大学高等社会科学研究院兼职教授。主要著作有《儒学地域化的近代形态——三大知识群体互动的比较研究》《杨念群自选集》《杨度日记》等，主持《新史学》丛刊及《新史学：多元对话》系列丛书。

百里不同风，千里不同俗，中国领土辽阔，南北区域差异明显。从地理分布角度评述南北地区的文化特征及其价值优劣的理论历代层出不穷，各种典籍中的风土地理志，也常把文化与地理的互动关系进行交织评述。比如《礼记·王制篇》中就说过：“广谷大川民生其间者异俗。”近代的刘师培加了一个详细的解说云：“盖五方地气，有寒暑燥湿之不齐，故民群之习尚，悉随其风土为转移。‘俗’字从‘人’，由于在下者之嗜欲也，‘风’字训教，由于在上者之教化也。”刘师培这段话虽短，却大致约括了前近代意义上两种类型的“南北文化观”，我们可以称之为“地气说”和“王气说”。

王夫之在《思问录》中认为“天地之气衰旺，彼此迭相易也”，南北文化优势的互换是地气南徙的结果。另一部分学者把“地气”这种不可捉摸的推动力量引申为“王气”南徙剔除“蛮气”的动态过程，这样就使其论说更多地具有人文因袭的特征。这种理论认为北方是文明的发祥地。南方作为蛮荒之域的开化程度是与随王气恩泽的程度成正比的，具体而言就是南方接受北方教化熏染的程度。即使到了近代，梁启超在分析南北地理格局变迁与政治的关系时，仍受这种思维定势的影响。

梁启超与前人不同之点乃在于，他能暂时把“政治”与“文化”两个层面分开来，加以考察初步注意到了文化南移的过程恰恰是疏离王权的一个历史性结果，可能多少与王权干预的弱化趋向有关。因为随着帝国统治版图的不断南伸，帝国的政治轴心已不可能总与文化轴心保持合一的局面，魏晋以后随着北方少数民族的频繁入侵，政治轴心多次南移，同时也导致了文化重心的屡次南迁。但是，一旦少数民族势力退出北方区域，王权就会重新回銮于北部宅都，文化重心却最终滞留在了南方。“政治”与“文化”两个层面如此分离的后果造成帝国统治方式的巨大变迁，其表现是南方基层的控制由两汉倾向于法儒一体的“法治”，过渡到儒教的德治，士绅的作用明显加强，成为吏胥机构的有力补充。绅在社会文化层面上常常脱离王权的羁绊而发言，使得“流风所被，文化日滋”的南方在洗脱蛮气之时已并非沐浴于北方的“王气”，而是近水楼台般地受到南方新兴儒学教义的影响。在某种程度上说，不仅“王气”熏染南方的趋向在社会层面上已失去意义，而且南方文化在宋元以后形成自身的品格后，由北向南迁徙的文化动态也已趋于消失，换句话说，南与北在多重意义上都已发生断裂。在步入近代以前，“北方之地”只是作为学术文化的生涯地而象征地存在，很快失去了原初概念中恩泽于南方的传统优势，而南方则逐步成为新思潮萌生与新运动崛起的源头活水。

近代以来的南北文化观已经试图摆脱由西北向东南纵向考察区域文化的传统方法，比较关注横向势力的侵入造成的影响，从而形成了不同于以往的南北文化观。我们可称其为“变局说”，以有别于“地气说”与“王气说”。关于“变局说”的典型言论，我们可以举出王韬在《弢园文录外编》中的一段话作例子，王韬说：“居今日而论中州大势，固四千年来未有之创局也，我中朝素严海禁，闭关自守，不勤远略……以故天下有事，其危常系西北，而不重东南……不知时之所尚，势之所趋，终贵因事制宜，以权达变，天时人事，皆由西北以至东南。”

这段话已指明变局会造成东南区域地位的提高，这种变化的发生已不是传统意义上的西北王气南徙变化的结果，而是非本土性因素横向干预的表现。持“变局说”的学者们普遍认为，近代观念上的“北方”已寻不出多少社会文化原素与历史上的“北方”有何不同。但是南方却不然，它已深深受到欧化势力的广泛渗透，南北文化的关系也从此发生了急剧变化。在持“变局说”的学者们眼里，北方虽是中国文化发源之地，却只是一种“化石形态”。其发展是停滞的，是博物馆里的古董，南方文化的兴起却最大程度融入了异质文化的要素，因而是一个不断崛进的新文化。这个观点在梁启超《世界历史上广东的位置》一文中反映得很明显。梁启超曾把广东与西方的腓尼西亚（Phoenicia）相比，认为腓尼西亚为小亚细亚、埃及、古希腊三种文明之媒介地，广东亦为东西交通的枢纽，世界交通第一等孔道。梁启超曾举出大量实例论证广东人对世界文化的贡献，诸如罗盘、火药、印刷术均由居住于广东的阿拉伯人间接传至西欧，利玛窦传播历算之学，道光年间刊行《博物新编》的行动均起源于广东等，故梁启超的结论是：“广东非徒重于世界，抑亦重于国中矣。”

近代以来的“南北文化论”有一个很突出的特点，那就是近现代学者所说的“南方”已经大大不同于古典意义上的地理概念，对“南北文化”的经典评价尺度也发生了根本性的变化。以往人们依据儒家官方文化南徙浸染的程度判别南北方论优劣的传统观点，已经为具有现代化意义的新的衡量标准所替代。比如朱谦之就以“宗教的”和“实用的”概念区分南北文化特质，这就大有别于用一种古老文化（儒家文化）的影响划定南北文化边界的传统做法，其中暗含着深刻的现代化论背景。

用“宗教”与“实用”的框架界分南北文化实际上颇暗合于韦伯所谓“世界的解咒”过程。按韦伯的看法，一个社会合理化的标志即在于其内部驱除巫术因素的程度，与科学与技术上的进步所达致的经济与科层行政整合的程度。韦伯曾经多次指出儒教对共觋因素的驱除并不彻底，所以他认为中国缺乏步入资本主义的精神动力。反观朱谦之的划分方法，用“宗教”概括北方文化，北方文化的实质就会颇类似于韦伯所说的处于未脱巫觋之状态。用“实用”概述南方文化，则显然已确认“南方”（主要是岭南）已步入或开始步入“理性化”的时代。又由于广东处于中国的最南端，既是最早接受欧化的地区，又是最远离北方中原文化核心的区域，因此，岭南才是未来文化的希望，从某种意义上说“岭南文化”就是现代化论者语境中的“南方文化”。不容置疑，近代的南北文化观已经常常受现代化表述方式的强烈支配，这在陈序经与朱谦之的南北文化观中表现得尤为明显，他们两人非常典型地把文化的现代形态聚焦定位于岭南地区，构成了近代颇有特色的“岭南文化中心说”。

陈序经作为典型的“全盘西化论”者，他的南北文化观大致与其西化的论点相呼应与配合，也颇得现代化论之神髓。他的《南北文化观》中，考察了中国文化由北趋南的历史之后，得出了一个颇为令人惊异的看法，他认为南北差异并非是文化本身的差异。这种“南北文化一统观”印证出陈序经的以下思路：从文化起源的角度而言，远古尧舜禹之时，中国文化就已经定型了。其空间发展也只能存有或播散一种“本质型”的主体文化，其他文化的出现不过是“本质型”文化的对立面或经过“本质型”文化过滤后的异化形态。“所谓开化，又不外是中国化，中国化又不外是表明中国固有的文化的范围的扩大，并非南方本身别有一种文化崛起而和中国的文化两相抗衡。”同样，文化中心的迁移南进，也只是一种“本质型”文化的迁徙，不存在实质形态上的南北文化对峙的格局。陈序经断定历史上存在着一个北方文化的“起源偶像”，他认为孔家学说中“一以贯之”的道德精神取向在历史上从未有南北东西之本质区别，只有南北迁移的状态位置之别。要打破这种“起源的偶像”，就只有依靠外力。近代西方文化首先从南方输入，改变了儒家文化作为“起源偶像”的独尊局面，从此才出现了真正与北方“本质型”文化有别的“南方文化”，无庸置疑，南方文化是西化的直接产物。北方—中国文化—旧文化与南方—西方文化—新文化最终构成了近代地理格局的两级。

至于朱谦之套用“知识三型论”概述黄河、长江、珠江三区域的文化特征，虽给人过于机械的感觉，然而被他不幸言中的是，岭南文化的当代发展及其建构文化场域的途径，我认为恰恰从表面上较多吸收了西方的实用知识，却在深层上拒斥搭建实用知识架构所需的深层渊源背景。广东都市型世俗文化充斥市场空间，同时却缺乏经典意义上的精英文化阶层就是一个突出证明。

我们以上约略评述了20世纪初年兴起的“岭南文化中心说”的代表性观点，特别注意到了陈序经、朱谦之理论中的“现代化论”取向。这并不等于说近现代论域中只存在这两家观点，而是以往的南北文化观都不如陈、朱阐述的那样系统和打上了如此深刻的现代化思潮的烙印。我们可以从“岭南文化中心说”的典型论评中发现近现代思想史演变中的另一个侧面，并参照当今南北文化的变迁格局加以印证。

（选自《现代与传统》第九辑，岭南美术出版社1995年版，有删节）

读书与革命

——1927年3月1日在中山大学开学典礼上的讲演

鲁　迅

鲁迅（1881—1936），原名周树人，笔名鲁迅，浙江绍兴人，与二弟周作人，三弟周建人，合称为“周氏三兄弟”。中国近代著名作家，中国现代小说、白话小说和近代文学的奠基人之一，新文化运动的领导人，左翼文化运动的支持者。主要著作有《狂人日记》《呐喊》《且介亭杂文》等。

现在我因为职务上的关系，不能不说几句话，可是有许多好的话，以前几位先生已经讲完了，我再没有什么话可讲了。

我想，中山大学并不是今天开学的日子才起始的，三十年前已经有了。中山先生一生致力革命，宣传，运动，失败了又起来，失败了又起来，这就是他的讲义。他用这样的讲义教给学生，后来大家发表的成绩，即是现在的中华民国。中山先生给后人的遗嘱上说：“革命尚未成功，同志仍须努力。”这中山大学就是“努力”的一部分。为要贯彻他的精神，在大学里，就得如那标语所说：“读书不忘革命，革命不忘读书。”因为大学是叫青年来读书的。

本来青年原应该都是革命的。因为在科学上已经证明：人类是进步的。以前有猿人，或者在五十万年以前吧——这是地质学上的事，我不大清楚，好在我们有地质学家（指朱家骅先生）在这里，问一问便知道，——后来才有了原人。虽然慢得很，但可见人本来是进化的前进的。前进即革命，故青年人原来尤应该是革命的。但后来变做不革命了，这是反乎本性的堕落，倘用了宗教家的话来说，就是：受了魔鬼的诱惑！因此，要恢复他的本性，便又另要教育、训练、学习的工夫了。

中山大学不但要把不革命、反革命的脾气去掉，还要想法子，引导人回复本性，向前进行到革命的地方。

有人说，革命是要有经验的，所以要读书。但这可很难说了。念书固可以念得革命，使他有清晰的、二十世纪的新见解。但，也可以念成不革命，念成反革命，因为所念的多属于这一类的东西，尤其是在中国念古书的特别多。

中山大学在广东革命政府之下，广东是革命青年最好的修养的地方，这不用多说了，至于中山大学同人应共同负的使命，我想，是在中山大学的名目之下，本着同一的目标，引导许多青年往前进，格外努力。

然而有一层又很困难，这实在是中国青年最吃力的地方了，就是：一方要读书，一方又要革命。

有许多早应该做的，古人没有动手做，便放下了，于是都压在后人的肩膀上，后人要负担几千年积下来的责任。这重大的事，一时做不成，或者要分几代来做。

因此青年们要读书不忘革命，的确是很吃苦，很吃力的了，但，在现在社会状况之下又不能不这样。

青年应该放责任在自己身上，向前走，把革命的伟力扩大！

要改革的地方很多：现在地方上的一切还是旧的，人们的思想还是旧的。这些都尚没有动手改革。我们看，对于军阀，已有黄埔军官学校同学去攻击他、打倒他了。但对于一切旧制度，宗法社会的旧习惯，封建社会的旧思想，还没有人向他们开火！

中山大学的青年学生，应该以从读书得来的东西为武器，向他们进攻——这是中大青年的责任。我希望大家一同担负起这个责任来。

（选自《广东青年》1927年4月第3期）

编者补白：辛亥革命以来，直至北伐前后，广东可谓革命圣地。然而在思想文化上，却每每祭出保守的大旗；思想文化界的名流南下，往往颇感困惑，鲁迅、顾颉刚均有同感。尤其是郁达夫，在当年的南行日记中说起来简直是恨恨的。所以鲁迅在这篇文章中，号召青年学生“应该以从读书得来的东西为武器，向他们进攻”，进行思想文化的革命，使广东成为全方位的真正的革命圣地。在改革开放的今天，广东也面临类似的问题。广东的改革开放要想百尺竿头更进一步，必须在观念意识上再来一次“珠水维新”。

致中山大学文史两系同学书

顾颉刚

顾颉刚（1893—1980），江苏吴县（大致相当于今苏州市吴中区、相城区）人。著名历史学家、民俗学家，古史辨学派的创始人，中国历史地理学和民俗学的开创者。曾任厦门大学、中山大学、中央大学等校教授，中山大学历史语言研究所主任，中央研究院院士。新中国成立后，任中国科学院历史研究所研究员、民主促进会中央委员等职。主要论著有《古史辨》《当代中国史学》《汉代学术史略》等。

我自从离开广州到现在，已经一年半了。在这一年半的时间之内，没有一天不想写信给你们，可是竟没有写成功……

对于广州，老实说是不爱的，因为那边参考书籍不够，学术团体也没有，而且屋宇太小，使我不能把我的书悉数搬来——我的书是我廿余年来亲手购置的，已成了生命中之一部分，若不在手头，竟似三魂中少了一魂，弄得我彷徨无主。——天气又太热，事情又忙，要定心研究和作文，真无从说起。只有一点是我很爱的，就是广东人的精神，有信仰，肯干，肯吃苦，我觉得这是无论做什么事情的基本条件，而不幸长江黄河两流域的人都缺少了它，使得具有这种精神的我在这敷衍因循的社会中成了一个特殊的人，旁人都笑我，而我则以之自傲。但到了广东以后，我就觉得此道不孤。我明白广东人的势力所以远被的缘故，我祝颂广东能成为将来的文化中心。所以去年我离开广州，别的没有什么恋恋，单单念着你们一班人，以不能和你们在学术上努力为恨。

…………

说了我的事情一大片，于是我要向你们“责善”了！你们在这一年之内，比以前一年半是勤呢，是惰呢？你们研究的是什么题目？获得的是什么知识？有论文吗？有笔记吗？如有，能不能寄给我看看？

说到这里，你们或者要说：“迂哉顾某也！两粤连年构兵，人民极度不安，如何能有心情放在学问上！就使有心学问，而曩日之教师都已他去，又寻谁指导！况且毕业期近，一毕业则生计问题来压迫，对付此问题之不暇，而谓能求学问乎！”这几句话句句是人情，我已想得到，但所以终向你们责者，则不欲以看平庸人的眼光来看诸君也。

环境的势力自然大于个人的意志，但个人的意志未必不能改变环境……总括一句，你们不要忘了当年从我研究的兴趣，你们应当把这点兴趣扩而充之，使得以在学术界中做出些成绩给大家看；就是为谋生计也须使生计与学业混而为一，从学问里找到你们的生计，从生计里维持你们的学业——这就是我在十年前悬拟的目的，而现在总算勉强达到的，所以我敢于向你们作这贡献。如果你们不收受我的贡献，要与芸芸的众人合流，在不适合个性的职业中混饭，那么，我对于“广东人有干的精神”一个直觉就要怀疑，而且觉得我自己的可责了。

（选自《国立中山大学日报》1930年11月1日）

编者补白：顾颉刚系出文化渊薮之地，对于广东的文化环境，委实瞧不上眼，事实上也让他颇受困窘。但他却别出只眼，十分看重“有信仰，肯干，肯吃苦”的“广东人精神”，并以此“祝颂广东能成为将来的文化中心”。百年将过，广东凭藉这一精神，每每引领寰中，尤其是开启了改革开放的新局，使中华民族最为接近“伟大的复兴”。然而，要想真正功底于成，尤其是成为“文化中心”，顾颉刚的“责善”，仍然具有强烈的现实意义。

我来广东的志望

郭沫若

郭沫若（1892—1978），四川乐山人。著名文学家、诗人、考古学家、历史学家、社会活动家，新诗及现代话剧奠基人之一。曾任国民革命军政治部副主任，参加过南昌起义。新中国成立后，历任中央人民政府委员、政务院副总理、中国科学院院长、中国科学技术大学校长、中国文联主席等职，主要著作有《屈原》（话剧）、《女神》（新诗）、《中国古代社会研究》《甲骨文字研究》等。

我这次到广东来，本来是抱着两个小小的志望来的。

第一个，我是想在国民革命的工作上实际贡献一些绵薄。我们国民革命的工作是很长远的工作而且也是很普遍的工作。只有我们是抱着革命思想的人，当然是随时随地都应该从事于这项工作的。不过在我们中国四处受着军阀和帝国主义两重压迫的环境内，在我们现在随时受着军阀和帝国主义的两种压迫的时期我们要从事革命，却不是容易的事情。我在中国这个时代，这个环境里，能够担当国民革命这个工作的，只有我们广东。我们革命分子大家都集中到广东来，这是使我们国民革命的势力可以愈见巩固的。我们国民革命这个工作是很伟大的工作，譬如要造一座庄严的殿堂，不消说堪为栋梁的大木是必要的，而且堪为地基的小砂小石也是必要的。我到广东来的第一个志望就是想做这一点点儿的小砂，想做这一点点儿的小石。

我来广东的第二个志望是想在珠江流域的文化上加添一些儿涓

滴——更换句切实的话来说，就是我想把我们广大的这个文科，尽力地把他弄成一个近于理想的组织。因为处在这革命时代，我们对于破坏事业当然要尽力参加，而我们对于建设事业亦不能不予作准备，我们中国的现代，各方面都需要革命的工作，而各方面都需要建设的人材。徒有破坏而无建设的革命，只是一种暴动，譬如盲目的火山爆发一样，这是只有增加人民的痛苦的。我们国民革命的势力将来统一了中国之后，我们建设新中国的计划全要靠文化方面的力量的担当。所以我们不能不予作准备。

总之我们要改造中国的局面，非国民革命策源地的广东不能担当；我们要革新中国的文化，也非在国民革命的空气中所酝酿的珠江文化不能为力。我们中国的文化已经达到衰老期了，我们非有一番革命的精神，从新创造一番新兴的文化，我们的破坏事业即使成功，我们在世界上仍然是落伍的民族。我们要改造中国，同时更要改造世界，那我们在破坏之外，同时必须养成一番建设的本领。所以我们要从事于革命工作的人，我们是负担着两种使命的：一种是打破现代一切不合理的制度，其他一种是创造一种更高级的新的制度。

我到广东来，就是想和同志们共同负担着这两种使命而来的。当然我的力量是很薄弱，不过我们当仁不让，处在这个时候，我们就能做一个小石小砂，也是很光荣的事情。我们要尽力做去，做到筋疲力尽的时候，就死在广东，或者死在敌人的断头台上，我们也可以问心无愧。

一九二六年四月二十二日夜半草于广大宿舍

（选自《革命生活》旬刊1926年第5期，有删节）

辛亥革命与广东

陈锡祺

陈锡祺（1912—2008），江苏盐城人。中国近代史研究的著名学者，尤长于孙中山与辛亥革命史研究。曾任金陵大学讲师，四川大学副教授，中山大学教授兼孙中山研究室主任，中国民主同盟盟员。主要著作有《广东三元里人民抗英斗争》《同盟会成立前的孙中山》《孙中山与辛亥革命论集》等。

辛亥革命是孙中山领导中国人民推翻帝制建立共和的一场伟大的革命运动。在中华民族的历史上有很重要的地位。中国的各个民族、各个省区都程度不同地为这场革命作出了贡献。但是，任何人都不能否认，广东在这场革命中占有特别重要的地位。一部辛亥革命史，从孙中山创立兴中会写起，有关广东的内容占了相当大的篇幅，而且是很重要的章节。

第一，广东是辛亥革命的策源地。众所周知，辛亥革命的领导者是孙中山，辛亥革命的指导思想，是孙中山的三民主义。孙中山生于广东，长于广东。广东在近代中国有着反侵略和反封建压迫的传统，他的革命思想主要就是在广东酝酿和发展起来的。孙中山创立的第一个革命团体兴中会的地点虽然是在国外檀香山，但兴中会的基础则在国内，尤其是在广东。早期的兴中会员大多数是广东人。1895年春，孙中山在香港组织兴中会总部，策划当年10月在广州起义。孙中山本人也回到广东内地活动。这次起义虽未及爆发即告失败，但推翻清廷、创建共和的革命却从此开始。在一定意义上，我们可以说近代中国比较正规的资产阶级民主革命是在广东发端的。

第二，辛亥革命运动不仅是在广东发端的，而且从1895年到1911年，也就是从兴中会到同盟会时期，革命党人都特别重视经营广东。孙中山全面考察了全国的形势，认为广东是最适宜首先举行起义的地点。现在看来，按革命党人当时拥有的力量，在很长一段时间内，也只能选择便于集结兵力和接济饷械的两广举行起义。孙中山以广东为发难的地点，并不是不重视全国的革命，他只是希望首先在革命条件比较成熟的广东取得胜利，然后把革命引向全国。孙中山的意见得到许多同志的赞成，例如黄兴、赵声都通过广东活动过。孙中山在《建国方略》中谈到兴中会、同盟会时期他亲自领导的10次起义，其中8次起义的地点是在广东。在武昌起义前，广东是革命党人武装起义次数最多的省份，也就是说，为推翻帝制、创建共和而进行的武装斗争，在很长的时间内，广东是主要的战场。兴中会、同盟会在广东发动的起义虽然都失败了，但对全国革命形势的发展，产生了极为巨大的影响。尤其是1911年4月27日的广州起义，孙中山后来称这次起义“碧血横飞，浩气四塞，草木为之含悲，风云因而变色。全国久蛰之人心，乃大兴奋，怨愤所积，如怒涛排壑，不可遏抑，不半载而武昌革命以成，则斯役之价值，直可惊天地、泣鬼神，与武昌革命之役并寿”。可见辛亥革命高潮的到来，同革命党人在广东的奋斗是分不开的。由于革命党人长期在广东活动，所以较广泛地得到广东群众的支持。武昌起义后，广东终于在1911年11月9日宣布独立。广东的军政大权几乎完全掌握在同盟会员手中，旧官僚和原来的保皇派在广东军政府里面毫无地位，而且难于进行有影响的政治活动，这种情况在其他省份几乎是没有的。

第三，广东军政府不仅在财政上支持南京临时政府，而且派出一支装备精良、士气高昂的北伐军，这支军队在捍卫新生的民国立下了很大功劳。孙中山辞去临时大总统职务后，对广东的建设仍十分重视，曾经想依靠胡汉民、廖仲恺等人在广东实行平均地权，希望把广东建成一个模范省。民国初年在广东执政的革命党人，尽管有不少缺点，但在他们执政期间（1912—1913年），广东确实出现了一些民主革命的新气象。所以说，在整个辛亥革命运动的过程中，广东占有十分重要的地位。

第四，广东在辛亥革命中又是群众情绪特别高涨的省份。在历次武装起义中，都有广东各阶层的群众参加。港澳地区的各界群众，也给予辛亥革命以很大的支持。省外广东华侨，尤其是广东籍的华侨，可说是孙中山从事反清革命运动的主要的财政支柱。武昌起义爆发后，广东各地民军蜂起，一下子就形成了十万人的队伍。尽管这些队伍成分复杂，但在促成广东独立，建立革命政权方面民军还是起了很大的作用的。在这样短的时间内就组成了十几万人的民军队伍，这是革命党人长期在广东活动的结果，也是广东人民革命情绪高涨的表现。广东军下令成立后，在政治上、财政上都得到广东人民的支持，共和制的合理性和合法性，在广东也得到比较充分的承认。1912年5、6月间的“国民捐”运动，广东各界的捐款相当踊跃，表现了很大的爱国激情。可惜当时资产阶级革命派由于本身的弱点，未能充分调动蕴藏在人民群众当中的革命积极性，后来竟越来越远离群众，革命的失败，这也是原因之一。孙中山对广东人民的革命热情给予很高的评价。1918年5月在《留别粤中父老昆弟书》中说：“吾粤之所以为全国重者，不在地形之利，而在人民进取心之坚强；不在物质之进步，而在人民爱国心之勇猛。”孙中山还着重肯定了从1895年以后20多年间，广东人民为推翻帝制、建立民国以及为捍卫共和而奋斗的历史功绩。孙中山的话，正是对广东人民作出的贡献的客观而公正的评价。

第五，广东又是受辛亥革命影响特别深的一个省份。辛亥革命虽然没有完成反帝反封建的任务，但这场革命对中国政治、经济的发展还是产生了很大的影响的。广东是辛亥革命的策源地和武装斗争的中心地区，所受的影响就更大了。在这里，我只举出一点：辛亥革命失败后，孙中山从1917年起先后3次在广东建立革命政权，捍卫民主共和，后来又在广东召开国民党“一大”，实现国共合作，掀起大革命的高潮。从1840年鸦片战争一直到20世纪20年代的大革命，广东一直是中华民族反对外国侵略的前线和民主革命的中心地区。而辛亥革命在这个过程中的地位特别重要。有人说“辛亥革命是中国近代史上最有光彩的一页”，我有同感。辛亥革命以后的十几年，广东一直是中国革命民主派反对军阀统治斗争的基地，这与广东在辛亥革命中所发挥的作用是分不开的。

（选自《辛亥革命史论文集》，广东人民出版社1993年版，略有删节）

贰

历史特质 点滴成洋

历史特质与时代闪光

明儒丘濬说："广南居海之间，受天地山川之尽气，气尽于此而重泄之，故人物之得之也，独异于他邦。其植物则郁然以馨，其动物则粲然以文，是皆他处所未尝有者也；得其气之专而纯，则又朴而茂，秀而皙，气淳直而俗尚随之，浑然天地间小堪舆也。"两千多年来一直保持对外开放的独特格局，以及因此而造就的趋时务实，乃是其最重要的历史特质。

这种历史特质，还通过宗教文化的世俗化，促进岭南的近代化；通过学术文化的自得与致用，推动岭南的与时俱进，并不断地闪耀着时代的光芒。特别是在近代以来西学东渐的进程中，更是发挥着独特的作用，推动岭南成为中国社会经济、政治与文化等近现代化的策源地，并以强调地域特质来促进国家认同的独特方式，为中华文明的时代新变进行持续不懈的努力。

在西方全面围堵新中国的时代，省港之窗，面朝大海，艰难开放。因为艰难，成于玉汝。孔管之光，演进成开放改革的盛大局面，并通过开放改革的不断持续推进，通过与时俱进的求实创新，揭开中华民族伟大复兴的历史新篇。在这一伟大的历史新篇中，广东，将如何以南岭为笔，以珠水为墨，书南海之篇，成就珠水维新，中华复兴的不朽名篇？

广东历史文明的走向及其在宋代的转折

关履权

关履权（1918—1996），广东阳江人。著名宋史研究专家。曾任中山大学历史系助教，华南师范学院（现华南师范大学）历史系主任、教授，广东炎黄文化研究会常务理事兼学术委员会副主任、《岭南文史》杂志社副社长等职。主要著作有《两宋史论》《宋代的封建租佃制》《宋代广州的海外贸易》等。

我国封建社会经济的发展，汉、唐、宋、明是四次高峰，而其中又以宋和明两时期最为突出。广东的社会经济发展过程，大体上与全国一致，但又略有差别。例如魏晋南北朝是我国社会经济发展的低潮，广东在东晋南朝时因为战乱较少，生产却有所发展。五代在全国来说，是经济发展的低谷，但广东在刘氏南汉统治期间，并未衰落。

从广东历史文明的发展趋向来看，西江和北江是岭南文化的两个基地，西江以封开为中心，北江以韶关为中心，两个地区都有原始时代的遗址、遗物，有封开渔涝黄岩洞晚期智人的颅骨和肢骨化石；广信河西岸30多处新石器的山岗遗址。韶关古文物遗存，有曲江狮子岩“马坝人”头盖骨化石，属旧石器中期早期智人类型；曲江马坝狮子岩的“石峡文化”，是新石器晚期文化遗存；曲江周田鲶鱼转新石器遗址等。西江和北江都是古代岭南与中原交通的要道，封开的广信河通广西灵渠直达湖南，韶关南雄经浈江过江西到中原各地。地灵人杰，东汉时封川的士燮，精于《左传》《春秋》，其兄弟四人，称为“四士”。三国时的陈元及其父陈钦、其子陈坚卿，祖孙三代，在经学上有很高的造诣，开西江流域以至岭南研究《左传》的风气。在唐代，封开的莫宣卿是岭南的第一位状元。《全唐诗》仅收他的诗三首零二句，其他诗文失传了。《全唐文》留下唐封州刺史白鸿儒写的《莫宣卿诗文集序》，说“其文如真金美玉，不落形迹如化工造物，不事妆点而生气宛然也”，称赞他的诗文，风格自然朴素。五代，南汉开国创始人刘隐（刘谦之子），初任封州刺史，后当上岭南节度使。朱全忠建立梁朝，封刘隐为南平王。刘隐死后，他的异母弟弟刘岩于公元917年称帝，建都广州，国号汉，为五代十国之一。

西江又是佛教在广东传播的重要地区。端州（肇庆）地处两广交通咽喉。唐玄宗天宝年间，日本著名僧人荣睿来华邀请鉴真和尚东渡日本，遇风到过端州，后圆寂于端州。西江还有三位佛学大师，一是牟融，东汉末三国初年人。有记载说他曾任苍梧太守。汉代苍梧郡治中心是广信县，古广信即今封开和梧州。牟融任苍梧太守，显然与西江有关。牟融先学儒学，后转信佛学，著有《牟子理惑论》二卷，现存《牟子》一卷本，虽经删节，但仍可信。近代以来，学术界对《牟子理惑论》一书有过争议，有的学者认为《牟子》是作于晋宋之间，也有学者认为此书是汉末三国时代的作品。从现存《牟子理惑论》的内容看来，此书当写成于东汉末或三国孙吴中期。特别是从书的“序传”来看，所讲当时的社会动乱和交州一带思想学术界的动态，以及作者撰写《理惑论》的原因，都符合东汉三国之际交州的实际情况。《牟子》宣扬佛、道、儒一致的观点，引《老子》以证明佛教与道家思想的一致。牟融还认为佛教与儒家的思想虽有不少的差别，但从根本上说两家的思想却是一致的。他用佛教教义去迎合儒家，这种态度反映了当时社会上佛教与儒学的关系，表明佛教这种外来宗教要在中国这块土地上扎根和传播，不得不依附和利用中国传统的道家和儒家的某些思想、词句来宣传，争取统治阶级和士大夫的支持。牟融的许多比附和论述十分牵强，也不符合佛教原义。但是，佛教正是需要经过改造才得以最后成为中国化的佛教。二是希迁（700—790），端州高要人，俗姓陈，得度后到湖南衡山南台寺，结庵于寺东大石上，时人称为石头和尚。相传著有《参同契》《草庵歌》。弟子有惟俨、道悟等21人。三是佛教禅宗六祖惠能（638—713），原姓卢，生于西江流域的新州（新兴）。惠能《坛经》的理论比《牟子理惑论》系统，为后代所重视，影响很大，促使佛教理论更加儒学化、中国化。西江三位佛学大师的成就，证明西江从秦汉至唐一直是广东历史文明发展的中心。

北江在唐宋时期发展较快。韶州、南雄农业生产原有一定基础，但不很发达。在宋代，韶州的铜、铁、银矿已著名于全国。工矿业带动了北江经济和文化的发展。唐玄宗时的名相张九龄，宋仁宗时的名臣余靖，同是韶州人，以同为革新人物而著名。名相名臣的产生，是古代文化发展的一种标志。书院制度在中国教育史上占有重要的地位。书院的设立是文化发达和经济繁荣的反映。北宋真宗景德年间英德郡守王仲达，始建涵晖书院于英德南山涵晖谷前，以居名儒石汝砺。石汝砺是英州人，号碧落子，精通五经，尤精于《易经》，尝进所著《解易图》于朝廷，但为王安石所抑。苏东坡被贬往惠州，过英州时，与石汝砺在今英德南山论易理，竟日不忍别。又以琴准乐律，著《碧落子琴断》，为南宋末郑樵所称许。

韩江流域中下游三角洲的潮州，其经济开发与珠江三角洲基本同步。唐宋时，潮州的发展路向和北江韶州的情况相似，先是手工业的发达，那时候，潮州的陶瓷生产十分兴旺，笔架山麓成了潮州陶瓷生产的基地，窑床连亘2公里，历史上称为“百窑村”。百窑村已能生产比较精致的陶瓷工艺品，这些产品通过韩江水路经福建泉州港、漳州港和樟林港运销东南亚。潮州的瓷窑和瓷器远播重洋，与福建的德化、江西的景德镇瓷器齐名海内外。

珠江三角洲是以广州为中心，其经济发展与韩江的潮州一样，唐宋时提高较快，但繁荣却是在明清时期。

从广东历史文明的发展历程来看，其特点是鲜明的。

第一，广东历史文明的发展是从北到南，从内河到沿海，从北江到珠江三角洲，从西到东，也就是从西江到东江、韩江。这两条路程虽然很不平衡，也不是直线的，但大体上是滑翔这样的道路发展过来的。从时间上说，从秦汉至唐，珠江和韩江地区发展较快，逐渐超过了北江和西江；到明清时期，珠江和韩江三角洲便成为了广东历史文明的发展中心。

我们说广东历史文明的发展路向，是指文明中心的移动趋向，不是说珠江和韩江流域在秦汉以前绝未开发，无文化基础，例如广州和潮州一带就发现了不少新石器遗址。古文化遗存不少，说明这些地区在原始时代和秦汉时期，虽然还不是广东文明的发展中心，但我们的祖先早已在这里生活和劳动，有一定的文明基础。

第二，岭南经济文化的发展，与中原的联系密切，受开发较早的中原地区经济文化的传播影响较大。例如唐代宋璟任广州都督时，将中原的建筑技术引入岭南，教民改茅草建房为烧制陶瓦建屋，改变了“茅居都市”的情况，使广东人民的生活得到改善，宋璟因此被誉为“岭南十贤”之一。唐宋时期被流徙南来的文人学士对岭南文化经济开发起了相当好的作用，如唐代李德裕之于海南，韩愈之于潮州，宋代苏东坡之于惠州和海南最为显著。士大夫带来的文化思想推动广东地区文明的开发；但是，需要指出的是，没有一定的经济基础，流放的文化人一走，岭南依然是落后的蛮荒，思想文化难以生根发展。苏东坡的谪居惠州是在哲宗绍圣元年十月至四年四月只两年半，谪居海南儋州是绍圣四年七月至元符三年六月共三年，苏东坡在海南的时间比在惠州的时间长些，他在两个地区都办过学，振兴教育，倡导文化，当苏东坡遇赦北归以后，惠州的文化始终高于儋州，这显然是因为惠州原来的经济、文化基础比儋州的好。因此，同一的原因不一定就能得到对应的效果。

第三，工商业和海外贸易对岭南的开发，起了重要的作用，同时密切了海洋与岭南的关系，推进了岭南文化的发展。工业的发达，不仅使商业繁荣，也带动了广东社会经济的全面发展。宋代北江韶州的铜、铁、银矿的冶铸造业，西江的郁南、封开，珠江的广州、佛山等地的陶瓷业，这些手工业，促进了北江、西江、珠江的商业贸易，尤其是对广州的海外贸易产生重大作用。

海外贸易加速了岭南经济的开发。两汉时期，西江流域是岭南经济发展的中心，是以其南面的徐闻、电白、合浦对交趾的贸易为推动力。早至宋发展中心开始从北江和浈江，转移到珠江和韩江。对东南亚贸易为主的广州代替了徐闻、电白、合浦，推动了珠江和韩江经济的发展。海外贸易的发达也密切了海洋与岭南文化的关系，促进了中西文化的交流。宋代广州海外贸易繁荣，海外诸国贸易交往越来越频繁，扩展了中外经济文化的冲突交流和汇合。岭南文化逐步发展成为多元的综合的海洋文化，宋代广州的海外贸易起了重要的作用。

（选自《宋代广州的海外贸易》，广东人民出版社2004年版）

明清之际岭南禅学与南方文化

姜伯勤

姜伯勤，1938年生于武汉。中山大学历史系教授、博士生导师。主要著作有《唐五代敦煌寺户制度》《石濂大汕与澳门禅史》《中国祆教艺术史研究》等。

明清之际，大量士人由于鼎革之际的变动而进入禅僧队伍，这样也就把上层的雅文化、精致文化或曰士大夫文化引入禅林。又由于一些旧日享有高官厚禄的士人在急剧变动中跌到社会低层，使一部分雅文化的代表人物接触了“街头莲花落”式的俗文化或大众文化，以致产生了未来新文化的萌动。而从下层市井中通过禅院进入上层文人雅士的禅僧，又把工艺化的民间文化与上层雅文化进行交流。十七、十八世纪之交在岭南禅僧中发生的雅文化与俗文化的交流，又表现为南方禅学的俗世化进程。

现在我们回到本文第一部分论及的陈寅恪先生对三百年前南北文化差异的分析。（按：即陈寅恪在三联书店2001年版《柳如是别传》第三章第75页所言：“寅恪尝谓河东君及其同时名姝，多善吟咏，工书画，与吴越党社胜流交游，以男女之情兼师友之谊，记载流传，今古乐道。推原其故，虽由于诸人天资明慧，虚心向学所使然。但亦因其非闺房之闭处，与礼法之拘牵，遂得从容与一时名士往来，受其影响，有以致之也。清初淄川蒲留仙松龄《聊斋志异》所纪诸狐女，大都妍质清言，风流放诞，盖留仙以齐鲁之文士，不满其社会环境之限制，遂发遐思，聊托云怪以写其理想中之女性耳。实则自明季吴越胜流观之，此辈狐女，乃真实之人，且为篱壁间物，不待寓意游戏之文，于梦寐中求之也。若河东君者，工吟善谑，往来飘忽，尤与留仙所述之物语仿佛近似，虽可发笑，然亦足藉此窥见三百年前南北社会风气歧异之点矣。”）

三百年前南北文化的差异，其实是从封建礼法及宗教限制中所取得的“俗世化”程度的差异。寅恪先生说，蒲松龄笔下的《聊斋志异》中的狐女，是“理想中的女性”，而明清之际吴越社会生活中活生生的柳如是之辈，是“真实之人”。质而言之，三百年前山东北方文化与吴越南方文化的差异，是尚在“理想中”的“俗世化”和已经成为“起初”的“俗世化”的差异。

在明清之际岭南禅僧的前述两大群体中，代表俗世化倾向的禅师可以分别举出澹归与大汕。澹归所代表的是作为精神产品的文化中的人文主义精神；而大汕，除具有这类特色外，更代表了一种近世商人精神和市井精神。

…………

由于寺院有雅、俗文化共存的特殊背景，因此，一些划时期的文体革新或文学革命起初都能在寺院中看到端倪。陈寅恪先生曾把散韵结合的弹词体，追溯到敦煌寺院中的变文，即是一例。我们看到，白话文作为一种运动，是一个很长期的过程，它不是在五四前后突然出现的。白话文的文学作品一般可以追溯到话本，但白话文的论文说文应追溯到什么时候呢？我们不能忽视宋代《朱子语类》和元代白话文碑中白话体论说部分，但要论自觉地用白话文来写作“说”这一论说题裁，或许应充分注意到澹归的始作俑者的地位。

《遍行堂集》卷二至卷三有数以十计的白话文。卷三《为雷峰乞米说》写道：

雷峰在番禺东偏，去城市甚远……又是一个讨吃的地，住着这讨吃的人，有什么突然？近来迁海，鲸波如沸，人民惊窜，战斗纵横。雷峰有些田，没了十之五。雷峰有些盘米，没了十之八，且道讨吃的人，没了讨吃的地，连讨吃的饭碗都打破了……二十一史是一张白纸，帝王卿相兴亡成败是一个哑梦，三千大千世界是一点浮沤……

澹归原名金堡，是明朝庚辰年的进士，又是南明永历政权中的“五虎”之一，这样的硕学雅士，在三百年前的十七世纪，能写出如此深刻而又幽默的白话文，不能不认为他好像是报春的燕子，深得新时代的先声。

…………

岭南禅学俗世化的另一种倾向的代表是大汕。大汕从禅宗的一脉反映了近世商人精神，这主要表现为三方面：

一是“入世苦行”精神。大汕云：“老僧开法三十年来，饥食困眠，冰冷方外，亦时热肠于国计民生”。远洋航海与海商同行时“旬日不卧不食，夜半揭衣跪泣”，不畏艰险。

二是提出了茶坊酒肆为佛事的近世人文主义命题。大汕在驳回己卯年潘耒《初次考夷礼》时说：

古人茶坊酒肆为佛事，柳巷花街作道场，此是登地菩萨。已得三昧，自在事事无碍境界。

又引古德云：

酒楼上何妨不去，肉案上那块不精，昔有僧于酒楼下过，闻楼上人唱云，你既无心我也休。忽然大悟，因号楼子和尚。又宝积禅师闻屠家答市肉人云：那块不是精者。遂有省。

大汕自称“逆行菩萨”“过量境界”，对潘耒说：“不应如庸夫俗子不通道理之议论”。

三是“作用如商贾”“驵侩之心不止”的对商业利润的直接追求。

1892年，恩格斯在《社会主义从空想到科学》的英文版导言中指出：“加尔文的信条适合当时资产阶级中最勇敢人的要求。”韦伯则有名著《新教伦理与资本主义精神》。关于中国近世宗教伦理与商人精神，余英时先生和陈其南先生等作了专题性的讨论。笔者的不同意见是，看到石濂大汕出海“通洋”的传奇性经历，以及看到他在越南顺化为阮主弘法授戒，在会安港参与闽粤商人祭关帝等等，今后，我们或许可以从南海16—19世纪中国海商的“中国佛教圈”禅宗崇拜，从各种民间祭礼如妈祖庙、关帝庙、罗祖祭祀中，找寻与近世商人精神契合的那种“宗教伦理”的遗踪。

十七、十八世纪之交岭南禅学所体现的南方文化特点，除了“宗教伦理”的“俗世化”比北方地区相对为高之外，还表现为反映了中国精神史上的南方风格。

印顺大量阐发了禅学发展中的“南方宗旨”，在其名著《中国禅宗史》一书中，精辟地论述了“南宗与南中国精神”。他指出：中华民族文化，含有不同的两大倾向，在南北文化中表现出来。古代的儒墨与老庄，就代表了这两大倾向。代表南中国文化的特性，大概地说，倾向于理想的、自然的、简易的、无限的，这不妨称之为超验的倾向。

1986年返广州定居、1991年以百岁高龄仙逝的旅美宗教哲学家谢扶雅先生，三十年代在岭南大学、中山大学执教，曾发表《光孝寺与六祖慧能》一文。他指出，禅宗北宗渐宗，强调的是伦理主义，是外铄；而禅宗南宗顿宗强调的是心理主义，是内悟，是情意。他把性情热烈的广东人与意大利人相比较，正如意大利人作为南方人的火热性情产生了布鲁诺，广东的一方水土则产生了六祖慧能。谢扶雅先生说：“广东人性情长于行而短于知，长于直觉而短于推理”。因此，说明清之际岭南禅学是十七、十八世纪之交的广东人性情的一种表现也决不为过。当然，广东人也具有知性，也懂得推理，谢先生以上言语是就一般倾向而论的。以外铄与内悟的区别解释南北宗，是一种较早的说法。当代学者喜欢从“分别识”与“般若直观”来讨论禅宗。

（选自《石濂大汕与澳门禅史——清初岭南禅学史研究初编》，学林出版社1999年版）

编者补白：宗教文化是社会文化的重要载体与重要表征，岭南文化尤其如此。在岭南文化驱策之下开创的南宗禅学，延至明清之际，随着大批文化士人的加入，与近世商业文明的俗世文化相结合，促进了岭南禅学的时代勃兴，反过来也有力推动了岭南文明的近代化进程。

岭南学派述略

刘成禺

刘成禺（1876—1953），字禺生，原籍湖北武昌，生于广东番禺。近代资产阶级革命家，兴中会重要成员，曾任南京临时参议院湖北省参议员、北京临时参议院议员、第一届正式国会参议院议员等职。主要著作有《太平天国战史》《洪宪纪事诗》《世载堂杂忆》等。

岭南濒处海隅，与中原隔绝，惟学术开化，则为最早。汉初，封川陈元长孙，习《左氏春秋》，诣阙上疏，请立左氏传博士。当时元与桓谭、杜林、郑兴，皆为学者所宗仰。后递唐、宋，刘轲希仁慕孟子为人，故名曰“轲”，著《翼孟》三卷，度岭求学，走京师，一时与韩、柳齐名。冯元道宗，文章经济，称王佐才，比之贾谊、董仲舒。此皆岭南学者，与中原学士大夫互相颉颃，为之先导，而以功名显者，如张九龄之流不与焉。

顾是时岭学之名，犹未著也。濂洛之学入粤，学者始有宗派，于是岭学之名乃著。东莞翟杰，私淑龟山，其学上溯濂、洛之源，下开陈白沙一派。其后高要黄执矩，从胡寅、张栻游；海南简克己，亦师事南轩；潮阳郑文振、郭子从，师晦庵。迨东莞李用叔，潜心周、程之学，目击宋亡，异族入主，以八十高年，东渡乞援日本，不克以死。呜呼，岭南学者，爱国之所树立如此，非仅守高头讲章之腐儒之所能也！

明中叶，新会陈献章公甫白沙先生崛起，讲学江门，于是岭学之名大著。白沙授之湛甘泉，门户益胜，受业著籍者四千余人，称为广宗。

同时王阳明讲学于姚江，称为浙宗。终明之世，以至清禁讲学兴文字狱止，其中四百年间，天下学统，未有盛于二宗者。

白沙学派，诚为岭学一大宗，传之者实为增城湛若水甘泉。甘泉所至，必建书院以祀白沙，置讲田以赡学者，白沙之学，由是所传益广。甘泉之学，随处体认天理，与白沙静中养出天倪之处，不无少异。然甘泉又言："白沙先生言静坐，为初学言之，至随处体认天理，自初学以上皆然，不分先后，居处恭，执事敬，与人忠，即随处体认之功，连静坐亦在其内。"此甘泉深得白沙之教，而能于静中而至实行其动。尝与人书曰："圣贤之学，凡所用功，皆是动处，盖动以养其静，即动以致力，静以学成也。"其根本未尝与白沙全异，当时学者师事先生，断无特立异说，反乎其先生之言者。独白沙弟子中，番禺何廷矩，年齿最长，晚年以白沙学近虚无，意谓王道要在农桑，不徒虚言，斯则与白沙稍异耳。

守湛氏之学，卓然为甘泉宗子者，惟澄海唐伯元曙台，唐氏非亲受于甘泉，实出于永丰吕怀，吕氏乃亲授之甘泉，其学又颇调停王、湛二家之说。顾曙台则显攻阳明，尝阻阳明从祀，以为六经无心学之教；阳明惑世诬民，立于不禅不霸之间，为多疑多似之行。当是时，明目张胆以攻阳明者，惟唐氏一人而已。其言"性一天也，无不善，心则有善有不善，至于身则去禽兽无几矣。性可顺，心不可顺，以其附乎身也。身可反，心不可反，以其通乎性也。故反身修德，斯为至要"。其言反身，实出于甘泉随处体认之旨，故以唐氏为甘泉之宗子者，非无故也。

然而以粤人而为浙学，则以南海方献夫叔贤、揭阳薛侃中离、博罗周坦谦斋三子为最著。方氏亲受于阳明，而尤尊仰象山，以为孟子再生。然其于程子之主静，亦有所取，盖方氏之学，不纯一之王学也。薛氏阴辟甘泉，于阳明信之最笃，初见阳明于赣州，寻率子弟往学焉。王学行于粤中，自方氏始，而薛氏力也。世谓王学近禅者三，曰废书，曰背考亭，曰虚；薛氏为一一辨之。周氏学于薛中离，诋白沙谓静中养出端倪，则静中添一端倪。薛氏师若弟，皆以粤人而诋广学，故粤人亲受于阳明，而能传其学者，首推薛氏。同时南海梁焯日孚，揭阳郑一初朝朔，潮阳杨仕鸣仕德，皆尝亲受业于阳明，此浙学之传于粤中者也。

唐氏表扬湛学，同时博罗杨起元复所，亦表扬王学，于是岭南讲席，二子分主之。复所之学，出于南城罗汝芳；汝芳之学，出于永新颜钧；钧之学，出于贵溪徐樾；樾之学，出于泰州林春；春之学，出于同邑王艮；艮亲受于阳明，五传而至复所。复所阐明王学宗旨，当时其学大盛，且越唐氏而过之。故粤中言王学者，前以薛中离，后以杨复所，此粤宗、浙宗在粤之传授源流，及其盛衰消长之大略也。

明末新会陆粹明主白沙之学，终日静坐，访学吴、越间，遇高忠宪论学曰："务要静有定力，令我制事，毋使事制我。"忠宪韪之。同时潮阳萧自麓以主敬为学，出罗念台之门，适忠宪谪揭阳，就而请教，语忠宪以潜养之功，而戒其发露太早，斯则岭学尝接东林之风矣。

清初，新宁陈遇夫延际，寻溯白沙之学，重订杨复所辑《白沙语录》，以明白沙之学，由博返约，非堕禅悟，是为清初治白沙学者之先声。乾隆时，东安曾一受正万，尊主考亭，力诋陆、王，以为异学，其言且及白沙。自是而后，粤、浙二宗之学，传者寥寥矣。迨全祖望（谢山）讲学端溪，首祀白沙以下二十一人，行释奠礼，欲和融粤、浙学派，然于王学，犹欲有所倡。未几，谢山去粤，事亦无闻。嘉、道之际，仪征阮元（芸台）督粤，创学海堂，导学者以汉学，一时侯康、林伯桐、陈沣，皆以著书考据显，岭南遂无有言三家之学者。

南海朱次琦（九江）先生，于举国争言著书之日，乃独弃官讲学，举修身读书之要，以告学者。其言修身之要曰："敦行孝弟，崇尚名节，变化气质，检摄威仪。"其言读书之要曰："经学、史学、掌故之学、性理之学、词章之学。"其为学不分汉、宋，而于白沙、阳明之学，皆有所取，教弟子尤重于实行。斯则清代岭学之崛起者。

朱九江讲学礼山，终二十余年，门人成就甚众，私淑先生之风者，至今未衰。其讲学尊朱子，而不废陆、王，谓陆子静善人，姚江之学，足以知兵御乱，由于读书有得。先生于举世排击陆、王之日，已具独见先识，不为苟同如此。故其学以经世有用为宗，不分汉、宋，而于明末儒者，尤服膺顾亭林，谓《日知录》一书，简其大法，可用于天下。盖先生学说，直追晚明，不落乾、嘉诸儒之下，巍然自成其九江学派者也。

咸同以还，朱九江既传其九江学派，陈沣又传东塾派。沣号兰甫，著《东塾集》《东塾读书记》，学者称“东塾先生”。其学以通经致用为主，调和汉、宋之学，胡元玉、于式枚等，皆其徒也。珠江堤上照霞楼，为陈东塾授经处，斜阳流水，江上归帆，流霞如锦，风景颇佳；东塾手书“濠上”二字尚存。兰甫著述甚富，邃于音韵之学，尝谓粤方言与古音合者甚多，尤其与唐韵吻合，粤语之合口音属于十一侵韵，多与古通，不可不知。其讲学授徒，取顾亭林论学语，先之以“博学于文”，而尤以“行已有耻”为主，故气节之士，多出其门。胡汉民伯兄衍鹗及弟毅生，均私淑兰甫，而传其学者。至汪兆镛伯序，则受经东塾，为入室弟子。清亡，兆镛为学海堂长，闭门传经，不问世事。

（选自《世载堂杂忆》，辽宁教育出版社1997年版，有删节）

编者补白：岭南学术，向来不拘执经传，抱残守缺，而以自得之旨独立国中，前有慧能开创禅宗，后有陈白沙发凡心学。然而，后学未免流于空疏，遂有朴学之兴，却又发展到“闭门传经，不问世事”，导致晚近的保守思潮，与其时岭南的革命先进形势颇为相悖，令人深思。今日广东要深化改革，首要的仍是观念维新。

岭南文化的三次大兼容与三个发展高峰

黄明同

黄明同，1939年生，广西合浦人。广东省社会科学院研究员，曾任孙中山研究所所长、孙中山基金会秘书长。主要著作有《陈献章评传》《岭南文化志》《孙中山经济思想研究》等。

兼容性是开放性的一种表现。岭南文化从一开始便具有鲜明的兼容性，其原发期便兼容了农业文化和海洋文化，而不像中原文化那样以农业文化为单一的源头；而后，则在不断地兼容中原文化和西方文化中，形成自己的特点和优势，成为中华文化百花园中的一枝奇葩，绚丽多彩。

在古代，明代的岭南大儒陈献章融儒、道、释于一炉，创岭南理学新派——江门学派，使明代学术“始入精微”，岭南文化第一次有自己的思想流派，并跨越五岭而汇入中华民族的主流文化，这是岭南文化作为地域文化的第一次升格。

陈献章生长的时代是程朱理学一统天下的时代。然而，陈献章的故乡岭南，虽不无受到程朱理学的禁锢，但人们的思想却仍然比较宽松，陈献章的祖父永盛就“好读老氏书”。陈献章自幼受老庄家教，受着多元的文化氛围的陶冶。虽然，陈献章曾号称“吾学有宗主，千秋朱紫阳”，但实际上，他“尽穷天下古今典籍，旁及释、老、稗官、小说”，持“异学中和”的学术观。陈献章之学说，以“宗自然”与“贵自得”为基调，包容儒、释、道，其兼容性集中体现在他所建构的别开生面的哲学体系：“以道为本”——“以自然为宗”——“道通于物”——“心具万理”“万物归我”——“静养端倪”。

在陈献章的思想体系里，人们看到理学所要探讨的道、理、气、心、性……看到程朱理学的以“理”（道）为本，张载的“宇宙间一气”，陆九渊的“万物归我”；人们可以看到道家的“道不可言状”，老子的“道法自然”（“贵自然”），庄子的“天地与我并生，而万物与我为一”；人们还会看到，陈献章的著名命题“静中养出端倪”，既有庄子“坐忘”的影子，又有佛者“坐禅”的路数，陈献章也自认，“佛氏教人曰静坐，吾亦曰静坐；曰惺惺，吾亦曰惺惺；调息近于数息，定力有似禅定”……总之，“真儒”陈献章的学说，已经兼容了儒家的各派，以及儒家以外的道家和释家，难怪在历史上陈献章有非儒为禅之嫌。

当然，兼容不是简单的“1+1”。兼容，是由己质文化与异质文化的相互碰撞、比较、筛选、交融，而后获得新质，由“兼收众长”而“益以创新”。陈献章正是通过他自己所提倡的“自得”，而融铸各家各派，在借鉴前人的思想材料之后，另辟自己的理论蹊径，匠心独具地创立了第一个具有岭南特色的学术流派——江门学派。江门学派，是岭南文化发展的第一个丰碑，标志着岭南文化发展的第一个高峰，它至少有着三方面的意义：

第一，标志着岭南文化作为真正意义上的区域文化的成立，它不再仅仅作为中原文化的辐射地和演生地，它已经有自己独立的特点、形态和学术流派。

第二，带来学术风气之盛，正如清初学者屈大均所指出，“自此粤士大夫多以理学兴起，肩摩踵接，彬彬乎有邹鲁之风”，岭南以她的精英和精英文化，而摘除“南蛮”帽子，健步走向更高层次的文明。

第三，使岭南文化开始超越岭南而影响中华的主流文化，在中华文化中取得一席之地。

经陈献章的衣钵继承人湛若水的完整化、精致化、思辩化的发展，岭南形成了一个异于正统理学的理学新派——陈湛理学。陈献章的思想还直接通过湛若水而影响明代的心学大师王阳明。尽管“目空千古”的王阳明“生平无一语”言及陈献章，但他的“龙场悟道”同陈献章的“静养端倪”乃一脉相承，黄宗羲也说，“有明之学，至白沙始入精微”，“至阳明而后大。两先生之学，最为相近”，足见江门学派的创立，在中华文化发展史上产生过不可低估的影响，这不能不说是岭南文化作为区域文化在整个民族文化中举足轻重地位的一次显示，是由兼容而带来的岭南文化的一次辉煌。

至明清时期，岭南文化更是以其博大的胸怀由开放而兼容。就世俗文化而言，当时便出现：人们广作生意，不管内商外商，不管开铺定居，只要有钱赚，来者不拒；为了提高生产效率，千方百计引进先进技术、先进设备，不管什么渠道、什么方式，来者不拒；对外来的语言文化、思想习俗，只要有用，只要适应，来者不拒。这一时期由于岭南得风气之先，使岭南文化能有更大的兼容性，而又由于岭南文化的更大的兼容性而带来了社会的更大程度的开放，经济社会更迅速地发展，快步走出传统自然经济而跨入商品经济，广东也由落后省份而跃入全国的先进行列。可以说，岭南文化在这一时期的经济与文化的互动中，具有了更大的兼容性，并孕育着新的飞跃和更大辉煌。

在近代，兼容性给岭南文化带来了新的辉煌。与古代的情况不同，岭南文化在近代的兼容，有着更丰富的内涵，更广阔的地域，因而也就出现了更富有深远影响的思想文化体系。康有为融古今中外文化为一体，由是而创立近代中国第一个以变革为主旋律的维新思想体系。而孙中山则在承传中国传统文化的同时，大量地“撷取”西方文化，从而创立最具时代精神的“三民主义”学说。康、孙二人由兼容而创立的思想学说，不仅是近代岭南文化的丰碑，而且是近代中华文化最高成就的体现，岭南文化正因此而取得主流文化地位。

书香世家出身的康有为，自幼承家学，饱读经籍，有较好的传统文化素养，又生活在颇得西学先声的岭南广东南海，青年时代即有机会接触西方的物质文明，“知西人治术之有本”，“治国有度”。据梁启超的《康南海先生年谱》所记，康有为25岁开始“大购西书”，“购《万国公报》，大攻西学书，声、光、化、电、重学及各国史志，诸人游记皆涉”，他热切地向西方寻求救国救民的真理。

为了变革老大而落后挨打的中国，康有为“通古今中外”，取诸家之长，铸造新的思想武器。他在总结中国古代文化的基础上，首先从文化的深层着眼，引进西方实证科学的“实测”，改造中国传统注经的“虚测”，变革中国传统的思维方式；他撷取西方科学如进化论、以太说、细胞学说、考古学、天文学、物理学、化学等的新成就，糅入中国传统的易变论、元气论、万物有灵论、元为本论、心为本论，以建构其博大的哲学思想体系，力图对宇宙及其发展，予以科学的认识；他又深入研究了法、德、俄、日各国革命和变法的历史资料，并吸取西方人本主义、社会契约论、古典经济学等，结合传统儒家的政治、经济学说以及中国历代的典章制度，而提出一整套社会改革的理论、纲领和策略；他还糅合了儒、道、佛、基督和空想社会主义，而提出“三世说”，构筑别具特色的大同理论。康有为在继承中国传统文化的同时，又大胆地吸取东方与西方各国文化之精华，融古今中外于一炉，树起了中国文化向近代转换的丰碑，建造了近代社会变革斗争的强有力的理论武器，其影响远远超出岭南而及于全国以至世界。

鉴于生活经历和文化教养的差异，以及对社会问题所取态度的不同，康有为与孙中山二人在对待外来文化的态度上也有一定的差异。如果说，满腹经纶的康有为由于当时维新的策略需要，不得不打着儒家孔子“正统派”的牌子，在融汇外来文化时，还显得不那么理直气壮，那么，早年即接受了“欧化教育”的孙中山，却大不一样，他敢于主张“行开放主义”，反对“排外自大”，体现了岭南文化愈向前发展愈具有更大的兼容性。

孙中山把自己的学说的来源概括为三个方面：“因袭吾国固有之思想者”“规抚欧洲之学说事迹者”“吾所独见而创获者”。孙中山持开放文化观，“兼收众长，益以创新”，他欢迎一切合乎中国国情又顺乎世界潮流的文化。兼收的目的在创新，构建超乎古人和西人的新的思想学说体系。孙中山构建其学说，涉猎面之广，取材面之宽，是康有为及其同辈所无法企及的。他继承和弘扬中国传统文化，如儒家的“均衡”“中庸”“民本”“仁民物胞”“天下为公”；道家的辩证思维，“老子之术”；墨家的“兼爱”；兵家的“攻心为上，攻城为下”；佛家的“普度众生”等等。他又撷取西方的理、工、农、医等自然科学、民主思想和哲学思想。

1923年1月，孙中山撰写《中国革命史》，在第一部分“革命之主义”中即披露其“三民主义”的思想来源，自称“民族主义”——“实吾先民所遗留”，“初无待于外铄”，只是“发扬而光大”，“且改良其缺点”；“民权主义”——中国古代有所谓“天视自我民视，天听自我民听”、所谓“闻诛一夫纣，未闻弑君”、所谓“民为贵，君为轻”，“此不可不谓民权思想”，“然有其思想而无其制度，故以民立国之制，不可不取资于欧美”，取“孟德斯鸠，所谓立法、司法、行政三权分立”，加上中国传统的“考试之制、纠察之制”，“合为五权宪法”；“民生主义”则是“参综社会经济诸家学说，比较其得失”，而采用了“深稳而可行”的“国家产业主义”。他的“三民主义”及其作为世界观指导的哲学思想，正是兼容了古今中外的思想文化而创立的新思想学说，成为近代中国的时代精神，成为近代中国革命的最高指导思想。孙中山的思想学说的出现，不仅为岭南文化添了异彩，也使中华文化长河显得更为壮观。

应该承认，在兼容中构建的康有为、孙中山的思想，已经超越了岭南，而成为近代中国人最高的思想成就的代表，成为中华文化的主流。鉴于此，有人说他们不再是岭南文化了。此话既对又不对。因为正是岭南这块开放的土地，正是岭南文化所具有的兼容性，才孕育了康、孙及其思想，才造就了他们的伟大。可以说，他们的思想学说，属于岭南文化，是岭南文化的兼容性在近代发展中结出的硕果。而同时他们的思想学说，又不尽属于岭南文化，它已发展为中华文化的主流。这并不矛盾，而恰恰是民族的主流文化与区域文化的辩证发展，一方面，主流文化辐射、影响区域文化，另一方面，区域文化又不断地补充、丰富主流文化，如此互促互动构成民族文化的运动发展。正是从与主流文化的关系上，我们肯定了岭南文化的第二次大兼容带来第二个发展高峰。

兼容性，在当代岭南文化中的表现尤为突出，如：

排污不排外，不怕资本主义。当内地的人们还在姓“资”姓“社”问题上争论不休时，广东人就敢于引进外资、引进外国先进的技术、设备、管理方法和管理人才，敢于允许港澳同胞、华侨、外国人在广东办厂、做生意，敢于听流行歌曲、唱卡拉OK、看香港与西方影视。一句话，敢于“使外国之资本主义以造就中国之社会主义”（孙中山语），把一直被当代中国人视为洪水猛兽的西方资本主义文化移植进来，包容于当代岭南文化。

开门建设，筑巢引凤。改革开放，广东先走一步，然而广东人诚心诚意地欢迎岭北人，特别是文化素质高的精英们南下共创大业。广东人不惜重金聘请人才，汕头大学以月薪万元聘用北京一位教授；许多单位、企业为南飞的凤凰营造各种条件，以使之能在岭南安居创业，江门、珠海两地先后为处于困境而南下的著名电化学专家王纪三教授提供了充分的资金与设备，使其科研成果能及时转化为生产力，并登上电池工业的世界高峰。王纪三以及南下的新客家们，为岭南带来了科技、文化，也带来了敬业、拼搏精神，广东的筑巢引凤，再次掀起了岭南文化兼容中原文化的社会热潮。

与竞争对手互利互惠，同对立面共存共荣。市场经济条件下，必然存在竞争，广东人在良性竞争中，特别能兼容他人的利益，因此，外商乐于在广东投资办厂，内地企业家乐于与广东联手开展商贸活动。广东人到内地拓展业务，大都立足于使合作者获利，故能救活一批濒临倒闭的企业。深圳三九集团公司先后兼并四川雅安制药厂、新疆中新公司、石家庄啤酒厂、哈尔滨龙滨酒厂，使这些亏损或负债的企业或是起死回生，或是焕发生机，或是成为当地的先进企业、明星企业。与竞争对手的兼容，这无疑体现了岭南文化深层面上的兼容性。

在当代，岭南文化在对中原文化以及海外文化的兼容中，从己质文化与异质文化的碰撞与比较中，进行了筛选，取他人之长而融于己，由是而变得更“清新活泼”，更具活力。她不仅有多姿多彩的工商文化、影视文化、饮食文化等，而且产生出一批雅俗共赏的文化精品。以影视为例，从《公关小姐》《商界》，到《情满珠江》《和平年代》《安居》，当代岭南文化奇葩破绽而开，其通俗文化已取得了优势，出现了岭南文化发展史上的第三个高峰期。可以预料她还将在不断的兼容中更创辉煌，在未来世纪的中华民族文化中更光彩绚丽。

（选自《学术研究》2000年第9期，有删节）

广东与洋务

舒　芜

舒芜（1922—2009），安徽桐城人。本名方管，笔名舒芜。中国现代著名作家、文学评论家。历任广西文学艺术界联合会研究部长、人民文学出版社编审、《中国社会科学》杂志社编审。主要著作有《挂剑集》《周作人概观》《舒芜集》等。

近人崇彝《道咸以来朝野杂记》“崇伦”条，说崇伦因为当过粤海关监督，所以同治初年清廷设立各国通商衙门时，就派他当了总理大臣，这里作者有一条自注道：“从前到过广东者，即视为通洋务。”清末所谓洋务，字面上的意思就是一切有关于西洋（后来也兼指东洋即日本）的事务，用现在的话说，涉及外交、外贸、科技引进、文化交流、翻译东西洋书、了解和介绍东西洋情况、以西洋为模范创办经营新式企业事业……这许多部门，说是只要到过广东的人，就被看作通晓这些“洋务”的人，似乎有些可笑，实际上愚昧当不至此，也许说得夸张一点了？但是，崇彝这本书，不是随随便便的野史漫谈，邓之诚推之为“字字珍秘，皆亲见亲闻”，“殚见洽闻，即详且赅，此事当今无第二手”。可以相信他言不妄下，这一条自注也不会是夸张失实的。

这里有一条材料可供参考。清人杨恩寿《坦园日记》同治元年壬戌（1862年）十一月初六条云：“克慎斋司马自粤旋楚，假馆于书斋之东厢，秉烛而谈，三更始散，洋楼金碧，珠海烟花，羊城之繁华，洵有闻所未闻者。嘻，其乱薮乎！”这里，把广州的繁华，首先是“洋楼金碧”，当作闻所未闻的海外奇谈来听，时间也正是同治初年，士大夫的心理如此，那么把到过广州的人即视为通晓“洋务”者，正是很可能的。所谓“乱薮”，即谓其包藏着某种将要危害封建秩序的祸根，这更是一种敏感，觉得这闻所未闻的繁华，不同于中国过去有过的繁华如“六朝金粉”“二十四桥明月夜”等类，那些不是“乱薮”，而现在这个却是“乱薮”，就因为这里面有“洋”气，即与我们过去截然不同的生活方式、文化方式，将启发人们作选择，那可不就要“乱”起来了么？

杨恩寿自己在十三年之后，就有一点要“乱”起来的样子，虽然是极初步极微弱的萌芽状态。《坦园日记》同治十三年（1874年）二月初三日条，记他从上海乘海船北上天津，起初坐下舱，极为不堪，觉得是“黑暗地狱”，后来被招待住西洋人的船长室，“玻璃之窗，紫檀之床，洋绒之毡，其余水晶盘、红毛镜、八音钟，器具之精，皆目所未睹者。噫，此天堂也！”次日，又记他与洋人同吃西餐的情形云：“其食物不外牛、羊、猪、鸡、鱼，要皆不用烹饪，但烤熟自割而食，椒盐酱醋，自为调和，虽同一烤熟，而味自别。不谷食，或糕或饼，以面为之，先食后饮，其酒甚多，有饮之可驱积食者，余颇爱之，以之可通胃气也。都君（指西洋人船长）赠余二瓶，亦可谓主人情重，器用俱极洁净。”刚一接触这么一点层次不高的、皮毛而又皮毛的西方式的饮食起居，就这么津津乐道，赞不绝口，惊呼“此天堂也”，如果他把这些话告诉连这些都不知道的人，听者大约以为他懂得“洋务”了。

广东是近代接受西洋影响最早的地区，洪秀全、康有为、孙中山都是广东人，正非偶然巧合，陈寅恪在《天师道与滨海地域之关系》一文中指出：“海滨为不同文化接触最先之地，中外古今史中其例颇多。”傅璇琮先生特别推崇这句话，认为“在当时是空谷足音，到现在也还值得我们思考”（《一种文化史的批评》，载《中国文化》创刊号），确实是不错的。

一九九〇年二月十二日

（选自《舒芜杂文自选集》，百花文艺出版社1996年版）

叁

钟灵毓秀　代有英杰

英杰历史与历史英杰

粤人张其淦说:“绵疆峻岭,代有伟人,文川武乡,常产贤哲。”在既往的千秋岁月之间,区域历史的发展,常常是通过一方水土养育的一代代伟人贤哲,引领一方,趋跃一时促成的。横隔岭外的广东,似乎尤其如此。因为岭南向以蛮荒不文著称,而在这蛮荒不文之中,却时时有超级文星横空出世,瞬间抬升岭南文化星空,建构岭南历史文化进程。比如说张九龄,虽自讳为獠人,终以獠人而被张说誉为“后出词人之冠”,开创岭南诗派,广东文章,自此独步中原,法传千古。元末明初,孙蕡等人结南园诗社,互相唱和,成为当时中国五大地域诗歌流派之一,并以群体的力量和影响,极大地推动了粤诗和岭南文化的发展,改变了此前粤人虽有大诗人,而一地文化风气终难兴盛的状况;粤人文化心理,也因此改变,敢说“南园五先生”,“轶视吴中四杰远甚”。

在思想文化上,岭南“獠民”更是杰出横放。目不识丁的蛮獠杂役僧惠能,沾溉着佛法西来初地的福泽,凭藉岭南独特的山川人文灵氛,开创南派禅宗,于中国后世思想以绝大影响;明代的陈献章,创白沙心学,为阳明心学前驱,成为理学历史转折关键。岭南学术,第一次走在了全国前列。

岭海“小堪舆”创生的时代英杰,使广东屡屡扮演着策源地的角色,促进着中华文明的时代新生。

慧能思想与中国传统文化

李锦全

李锦全，1926年生，广东东莞人。中山大学哲学系教授，曾任中山大学哲学系主任、广东儒学研究会会长、广东岭南理学研究会会长等职。主要著作有《海瑞评传》《简明中国哲学史》《岭南思想史》等。

佛教起源于印度，在中国算是外来宗教，但佛教传入后，逐渐能与中国传统文化相结合，其中有个关键性人物，就是禅宗六祖慧能，他倡导“识心见性，顿悟成佛”的简便法门，是南宗的实际创始人，并在禅行生活中将禅宗进一步中国化。

一

盛唐时期，佛教宗派林立，其中唯识、华严、天台、三论等几大家，当时出现了一些高僧，具有较丰富的文化知识，故多在学术上使用逻辑思维来阐发佛教的教义。慧能出身贫家，靠打柴度日。据说有一次送柴听人读《金刚般若经》，听后似有所悟。此人告知弘忍和尚在黄梅传法，劝人“但持《金刚经》一卷，即得见性，直了成佛”。由是慧能动了北上求师求学佛法的念头。他在北上途中，在韶州与刘志略结交，志略之姑出家为尼，慧能在晚上常听她诵《大涅般经》，听后有时提出自己的解释意见。她有点奇怪，问慧能：“既不识字，如何解释其义？”慧能答说：“佛性之理，非关文字能解，今不识字何怪。”（《曹溪大师传》）

此见可见，隋、唐初出自名门的高僧与慧能相比，文化背景和思维方式都会有所不同。如隋代天台宗创始人智顗（538—597），创立三论宗的吉藏（594—623），都曾说经讲法，著书立说。唐初的玄奘（600—664），西行求佛法17年，回国后二十年间译出佛教经论75部1335卷。还有与慧能同时的法藏（643—712），是华严宗的实际创始人，他宣讲华严宗的教理，被整理称为《华严金师子章》，在当时有很大影响。对比不识字的慧能，当时不可能讲习那样大量的佛教经典。但他却是一个很有悟性的人，故敢于大胆摆脱经典教条的束缚，提倡“教外别传，不立文字，直指人心，见性成佛”。他还主张出世不离人世，众生与佛不二，因此易为世人所理解而受到欢迎。那些烦琐的经院哲学，却难以普及于社会。所以虽然受到帝王的供奉，得以兴盛于一时，却难以持久。慧能开创的南禅，由于植根于群众之中，所以在唐武宗灭佛之后，仍得以继续流传。贾题韬在讲述《坛经》时，曾认为“如果没有慧能开创的禅宗，佛教在中国能否延续至今就成了问题，而历史本身也表明了，唐末灭法一千多年来中国佛教的发展，主要是禅宗的发展”。钱穆亦说：“唐代之禅宗，从上是佛学之革新，向后则成为宋代理学之开先，而慧能则为大转折之关键人物。”

佛教传入中国后，到隋唐时已逐步走向中国化，出现儒释道三教并立的趋势，到宋明时代更显示出思想上的相互交融，外来的佛教终于成为中国传统文化的组成部分，而慧能同样在中国传统文化中取得他应有的地位。

二

慧能是个佛教徒，但他创立的禅宗，却是不拜佛、不读经、不作禅，后来还发展到呵佛骂祖，是否背叛了本门宗教？其实慧能并非不信佛，他信的是具有平等真心的真佛。他要破除那些泥塑雕像的迷信，提倡解放思想，从自觉精神中去寻求觉悟的人生。佛教教义是慈悲平等，导人向善，注重对人生的终极关怀。但宗教信仰也不应该是盲从和迷信，更重要的是启发人们的自觉。慧能禅学注重自我解脱，通过净化人心来成就独立人格，自行把握人生真谛，并获得精神上的自由，这就是他在佛教史上所做出的主要贡献。

慧能这套成佛理论，我认为与先秦儒家特别是孟子内圣之学极为相似。如孔子虽不以圣人自居，但把成仁作为人生的最高要求。他说："为仁由己"，"仁远乎哉？我欲仁，斯仁至矣。"（《论语·述而》）。这就是强调靠自己的主观努力，所以又说："有能一日用其力于仁矣乎？我未见力不足者。"（《里仁》）能否成仁就靠自己用力了。

孟子发扬心性之学，强调要保持人的"本心"。他说："是故所欲有甚于生者，所恶有甚于死者，非独贤者有是心也，人皆有之。"只是"贤者能勿丧耳！"至于"为宫室美、妻妾之奉为之"，"此之谓失其本心"（《孟子·告子上》）。如何使本心勿丧勿失，他说："仁，人心也；义，人路也。舍其路而弗由，放其心而不知求，哀哉！人有鸡犬放，则知求之；有放心而不知求。学问之道无他，求其放心而已矣。"（《孟子·告子上》）孟子为维护人心这个根本，以防放失，因此把"求放心"作为人生的头等大事。

孟子求"放心"，得以超凡入圣，这种尽心知性与慧能的识心见性、顿悟成佛，我认为思想理路上应该是一致的。

三

慧能禅学承前对先秦儒道两家，思想理路确是其相似之处；而往后则对儒家陆王心学以至全真道教，都产生一定影响，其他如李翱、陈献章、李贽等人，在不同程度及方面似也和慧能思想有点关系。

李翱（772—841）是韩愈的学生，韩愈以儒家正统自居，曾公开发表反佛言论，而李翱在思想理路上却与禅宗相近。如慧能谈自性时说："自性常清净，日月常明，只为云覆盖，上明下暗，不能了解日月星辰，忽遇惠风吹散卷尽云雾，万象深罗，一时皆现。世人性净，犹如青天，惠如日，智如月，智慧常明。于外著境，妄念浮云盖覆，自性不能明，故遇善知识开真法，吹却迷妄，内外明彻，于自性中，万法皆现。"

李翱写的《复性书》，正是按照慧能的思路论证。他说："人之所以为圣人者，性也；人之所以惑其性者，情也。喜、怒、哀、惧、爱、恶、欲七者，皆情之所为也。情既昏，性斯匿矣。非性之过也，七者循环而交来，故性不能充也，水之浑也，其流不清，火之烟也，其光不明，非水火清明之过。沙不浑，水斯清矣；烟不郁，光斯明矣；情不作，性斯充矣。”

明朝晚年出现一个亦儒亦佛的人物，即被正统儒家称为异端之尤的李贽（1572—1602）。李翱是通过复性成为圣人，只是在思维方式是借鉴慧能禅学，到李贽则直接把作圣与成佛联结在一起。他说：“圣人不责人之必能，是以人人皆可以为圣，故阳明先生曰：‘满街皆圣人’；佛氏亦曰：‘即心即佛，人人是佛’。夫惟人人之皆圣人也，是以圣人无别不容己道理可以示人也。夫惟人人皆佛也，是以佛未尝度众生也。”（《梵书·答耿司寇》）又曰：“天下无一人不生知，无一物不生知，亦无一刻不生知者，但不自知耳，然又未尝不可使之知也。”“既成人矣，又佛不成，而更等待他日乎？天下宁有人外之佛乎？”（《梵书·答周西岩》）

慧能禅学对后世道教亦带来思想影响。如全真道教丹功讲三分命功，七分性学，修性即修心，修命即修心，以炼心修性为始基，以当一天和尚撞一天钟无为作要旨，至明心见性之后，依次修炼仙术，自可达到还虚合道的仙人境界。即认为人能清静无为，无思无虑，养然全神，凝神太虚，自然可以还虚合道。这套功夫，既有禅功参悟之长，又有儒家品德修养，归宗于道教的炼养之术，以三教之真全自我之真，从而登入真人的境界。（参看胡孚琛、吕锡琛著：《道学通论》）

综上所述，佛教传入后，慧能禅学在佛教中国化的过程中，承前启后，对中国传统文化，既有吸收，也有影响，后来形成儒释道三教思想交融，共同构建中国传统文化，慧能思想在其中起到重要作用。

（选自《六祖慧能思想研究》（二），香港出版社2003年版，有删节）

编者补白：李锦全教授另有论述说：“岭南文化从比中原地区相对落后的情况下，到近代转而走入开放的先河，这其中虽然会有各种原因，但陈（白沙）、湛（若水）主张从贵疑到寻求自得，即提倡学术自由探讨的学风，对打破传统文化中儒家经书的僵化教条，使其向近代方面转型，是起到了一定启迪作用的。”陈白沙、湛若水的学风，显然与慧能是一脉相承的。

六祖惠能早年与唐初岭南文化考论

王承文

王承文，1962年生，湖南常德市澧县人。中山大学历史系教授，博士生导师，中国唐史学会理事，香港《道教学译丛》编委。主要著作有《敦煌古灵宝经与晋唐道教》（季羡林主编“华林博士文库”第一辑）《董家遵文集》（主编）等。

禅宗六祖惠能是与中国中古思想史上那场具有划时代意义的“革命”联系在一起的。而岭南曾被誉为“革命的策源地”。自唐代以来，有关惠能一生活动的记载歧异纷纭。而其早年记载基本上是朝两个方向发展，一方面是突出惠能作为一位伟大的宗教领袖的神圣和超凡魅力（charisma），另一方面则努力把惠能塑造成一位来自溪洞深远的蛮荒炎瘴之地且目不识丁的樵夫。这使其早年经历蒙上了一层奇异、神秘的色彩。著名禅宗学者印顺大师指出，“惠能的一生事迹，有关惠能的一切传说，对禅宗史都有极大的关系，应作审慎的考察”。

一、六祖惠能早年事迹释证

惠能至湖北黄梅山初谒禅宗五祖弘忍，曾被弘忍迳称为獦獠。美国著名汉学家薛爱华（Edward H.Schafer）据此认为惠能极可能就是岭南新州的土著獠人。日本驹泽大学禅学史研究会编著的《慧能研究》收集了迄今最完备的有关惠能的历史资料，能证实惠能之父卢行滔原籍河北范阳，唐初武德年间移居岭南新州。虽然其南迁有流放、左降或因官移贯等多种说法，但惠能家世系北方范阳卢氏似可无疑义。自北魏太武帝时卢玄执政，范阳卢氏遂蔚为北方巨姓，且历久不衰。《新唐书·宰相世系表》记范阳卢氏四房阳乌（魏秘书监）。大房有卢行嘉，为青州录事参军，隋、唐初，惠能之父与行滔同属“行”字辈。《宋高僧传》又记载卢行滔在新州曾“略述家系，避卢亭岛夷之不敏也”。“卢亭”，晚唐广州司马刘恂《岭表异录》谓为“卢循余类也”，即东晋天师道起义领袖卢循的残部。史籍载其子孙遂为卢亭疍户。但《全唐诗》卷五七三贾岛《送空公往金州》诗即强调“惠能同俗姓，不是岭南卢。”“岭南卢”即指“卢亭”。

而卢行滔之作家系即表示其确实出于中原巨室，乾隆年间檀萃《楚庭稗珠录》卷二记曰：“六祖之父，范阳卢氏，唐初左官于新州卒，故六祖为新州人，得獦獠之讥，其实固中原名家子也。”

另外，卢行滔在新州之“略述家系”则反映其南迁很可能还有一定的家族背景。明代黄佐《广东通志》卷二十《民物志·姓氏》所记岭表姓氏多依据族谱而成。其述卢氏曰：“卢氏，姜姓，望出范阳，汉太尉（卢）植学为帝师，其子孙唐初迁广南。”唐初迁广南的岭南卢氏很可能是指惠能的家世。明代王民顺《重刻坛经序》云：“新兴即古新州，为六祖生身之地，而其父、祖之墓俱在龙山。”表明惠能祖父也曾同迁新州。乾隆本《新兴县志》也有同样记载。

观惠能一生行迹，亦可见其早年曾受家庭教育的深刻影响。《宋高僧传》本传称其“纯淑迂怀，惠性间出，虽蛮风獠俗，渍染不深。”契嵩《传法正宗定祖图》卷一记惠能“初以至孝事母”。其《传法正宗记》卷六亦记惠能晚年尝命建浮屠于新州国恩寺，“然国恩寺盖其家之旧址。为塔之意，乃欲报其父母之德耳”。饶宗颐先生十多年前曾专门走访过惠能故乡，知其原非闾巷编氓，故惠能早年能受家庭教育之薰染。并认为禅家之重孝道，即沐六祖之教化，释与儒之合流，其泽长远。姜伯勤先生也认为惠能体现了中国佛教宗教伦理的一个巨大的转型。

六祖自幼即有只有出家才有的法名“惠能”。对于这一重要史实。唐宋许多禅宗典籍均未记载。题名“门人法海等集”的《六祖大师缘起外纪》记曰：

母李氏，先梦庭前白花兢发，白鹤双飞，异香满室，觉而有娠，遂诚斋戒。怀娠六年，师乃生焉。唐贞观十二年戊戌岁二月八日子时也。时豪光腾空，香气芬馥。黎明，有二僧造谒，谓师之父曰："夜来生儿，专为安名。可上'惠'下'能'也。"父曰："何名惠能？"僧曰："惠者，以法惠济众生；能者，能作佛事。"言毕而出，不知所之。师不饮母乳，遇夜神人灌以甘露。

《全唐文》卷九一五法海《六祖大师法宝坛经略序》所载相同。六祖历来有"惠能"和"慧能"两种写法，但佛教在使用上仍有区别，"惠"是"施"义，"慧"是"智"。以"法""惠济众生"属六度中的布施，以"法慧""施众生"则是六度中的般若。这段材料固然有"神化"惠能的地方，但仍有重要的史料价值。第一，六祖应该确实原名"惠能"，"慧能"应是后来才出现的。这在唐代几乎所有典籍中可以得到证明。第二，从六祖出生后不久即有只有出家才有的法名，其母亲"洁诚斋戒"以及二僧同惠能父母的交往，可以推定六祖确实出生在一个具有浓厚佛教信仰的家庭，所以王维称惠能"善习表于儿戏，利根发于童心"，《曹溪大师别传》亦称他"虽处群辈之中，介然有方外之志"，《宋高僧传》记为"诡行么形，驳杂难测"。第三，惠能早年生长的新州在唐初其实是一个佛教很流行的地区，并非如弘忍所称"新州是獦獠""岭南人无佛性"。

关于惠能在故乡闻《金刚经》而得悟，唐宋典籍也有不同的记载。《坛经》和《神会语录》都强调惠能闻《金刚经》而得悟，持《金刚经》成佛。敦煌本《坛经》载有现存最早的（约成书于780年）有关惠能生平事迹的记载，其中记惠能：

于市卖柴，忽有一客买柴，遂令惠能送至于官店，客将柴去，惠能得钱，却向门前，忽见一客读《金刚经》，惠能一闻，心明便悟，乃问客曰："从何处来持此经典？"客答曰："我于蕲州黄梅县东冯墓山，礼拜五祖弘忍和尚，见今在彼，门人有千余众。我于彼听见大师劝道俗，但持《金刚经》一卷，即得见性，真了成佛。"惠能闻说，宿业有缘，便即辞亲。

《祖堂集》记此诵《金刚经》的"客"者为安道诚。唐初蕲州的冯墓山继承了达摩禅的正统，是唐初五十多年的禅学中心。而安道诚于冯墓山参礼五祖弘忍又于惠能故乡读《金刚经》以求见性成佛的经历，证明唐初新州同中原内地佛教已有密切联系，且东山法门的影响其实已达溪洞深远的岭南新州。日本松文三郎氏认为，《金刚经》对初期禅宗影响很大，六祖惠能由此而得悟并形成后来的《坛经》。

惠能圆寂六十多年后，代表惠能法嗣中岭南土著一系、成书差不多与敦煌本《坛经》同时（约作于公元781年）的《曹溪大师别传》记载，惠能离开新州外出求法年已三十。杨曾文先生考证认为惠能离开新州时已33岁。《曹溪大师别传》记载惠能从故乡游行至韶州曹溪后不久，即为无尽藏尼解释《涅槃经》义。尤其是惠能首次明确提出了“佛性之理，非关文字能解”，显示出惠能已经形成了对佛性等问题的见解，并实际上已关系到南宗禅的根本精神。惠能因此在岭南佛教重镇韶州一带受到当地僧俗的敬重，随即在著名的宝林寺修习佛法整整三年，后又在韶州乐昌县远禅师和五祖弘忍法嗣惠纪禅师处学习禅法（自东晋以来，粤北的韶州既是商贸中心，又是与中国禅宗思想有直接渊源关系的南朝《大乘起信论》的最早传译地，同时还是多种佛教宗派和思想汇集的重镇）。惠能至五祖弘忍处，即以“人即有南北，佛性即无南北，獦獠身与和尚不同，佛性有何差别”而鸣世。不过，宗宝的这种做法遭到了明清之际禅宗学者王起隆的严厉批判。在弘忍处踏碓八个月，弘忍以惠能作传法偈而授法衣。陈寅恪先生《禅宗六祖传法偈之分析》称其“袭用前人之旧文，合为一偈。而作者艺术未精，空疏不学，遂令传心语，成为半通之文”。而近年饶宗颐先生对六祖所作偈语重加研究，认为此偈实已深契“本无”之真谛。

从《曹溪大师别传》可知，惠能在离开故乡新州外出求法前必定已有佛教经历。关于惠能早年与《金刚经》或《涅槃经》的关系，惠能的后嗣们由于争法统的需要以及对般若与涅槃思想重视的程度不一样，因而在各自的记载中表现出对两者强调的不同。其实融摄《金刚经》般若实相义与《涅槃经》的涅槃佛性论为一体也正是惠能禅学的重要特色之一。

从《坛经》来看，惠能对《金刚经》《维摩经》《楞伽经》《观无量寿经》《法华经》《涅槃经》《梵网经》等佛教经典都相当明了和熟习，而且其门徒知名者几乎都有相当的文化修养。因此有关惠能目不识丁的记载很值得怀疑。北宋初，作为岭南藤州（今广西藤县）人的著名禅师契嵩编修的《传法正宗记》卷六有云：

> 初大鉴示为负薪之役，混一凡辈，自谓不识文字。及其以道稍显，虽三藏教文，俗间书传，引于言论，一一若素练习。发演圣道，解释经义，其无碍大辩，灏若江海，人不能得其涯矣。昔唐相始兴公张九龄方为童，其家人携拜大鉴，大鉴抚其顶曰："此奇童也，必为国器。"其先知远见皆若兹类，孰谓其不识世俗文字乎？识者曰："此非不识文字也，示不识尔。"正以其道非世俗文字语言之所及，盖有所表也。然正法东传，自大鉴益广，承之者皆卓荦大士，散布四海。其道德利人，人至于今赖之。详此岂真樵者而初学道乎？是乃圣人降迹，示出于微者也。其等觉乎？妙觉耶？不可得而必知。

惠能与张九龄同是古代岭南地域文化发展中光彩夺目的巨擘。这是二位曾有过交往的唯一记载。根据这份珍贵的材料，我认为唐宋禅宗典籍所着力渲染的惠能"一生以来，不识文字"在很大程度上可能是为了突出南宗禅"识心见性"以及"教外别传，不立文字"的特征。同时也是为了强化惠能作为普通劳动者的典型性，使南宗理直气壮地以卑贱的愚民形象站立起来，同出身高贵、以儒学传家的同行们公然对立。因而其意义就大大超出了禅宗本身的范围。

二、唐初岭南溪洞地区特殊的宗教和社会环境

我认为，尽管唐宋禅宗史籍都尽可能地简略了惠能早年在新州的经历，因而使我们今天难究其详，但仍能证明惠能成为禅宗大师首先离不开唐初新州佛教的具体环境。长期以来，学术界对六朝至唐代岭南佛教的研究仅限于与中印佛教交流有关的如广州等极少数中心城市，而对佛教在新州等岭南广大溪洞地区的传播发展则甚少关注。在唐宋典籍中，岭南溪洞不但瘴恶蛮荒，且巫风弥漫。李吉甫《元和郡县志》记新州"俗以鸡骨卜吉凶。《汉书》赵巫以鸡卜，即此"。因此，我们尚有必要进一步探讨唐初新州佛教的发展及其社会原因。

岭南地方史志中唐初新州一批佛教寺院的兴起十分引人注目。其主要寺院有：一是秀罗寺。明代郭棐《广东通志》卷六七《寺观志》记秀罗寺在新兴县东，唐武德四年（621年）僧广深建。二是岱山寺。宋王象之《舆地纪胜》卷九七《新州》记岱山寺在州东南二十里天露山。郭棐《广东通志》记岱山寺在新兴县城南天露山，唐贞观元年（627年）僧定惠建。三是永乐寺。乾隆本《新兴县志》载永乐寺在县治东南二十五里罗陈村，旧名荐福院，武德二年建。四是龙兴寺。乾隆本《新兴县志》载在县治东北二百余步，“唐时建，历代俱为祝圣道场”。《全唐诗》卷五三七许浑《晨自竹径至龙兴寺》诗即记载了新州龙兴寺。明代黄民俊《重建龙兴寺记》即称：“新州城内稍北为龙兴寺，自唐贞观间圮而修。”五是延明寺。乾隆本《新兴县志》记载在城西五里宁化都宝盖山，“唐贞观间建”。六是福兴寺。乾隆本《新兴县志》记载在城东四十里照会都云石山，“唐贞观二年建”。七是金台寺。乾隆本《新兴县志》记载在县城南半里，“相传为六祖卖柴时闻《金刚经》‘应无所住而生其心’，遂大悟发念学佛之处，盖县之古刹也”。

据上可知，素称烟瘴荒僻的岭南新州在唐初（在六祖惠能之前）其实已是一个佛教传播发展的重要地区。这在除广州、韶州之外的岭南其他地区是少见的。特别值得注意的是新州佛教寺院的兴建始于武德二年。而此时岭南正值隋末以来群雄割据，唐朝的统治尚局限于黄河流域之际。又据《舆地纪胜》记载新州有“昭惠公庙”，在州东南二十里罗陈村，“唐武德二年立庙”。从唐武德二年（619年）开始至贞观年间新州宗教的勃兴，首先应与南朝以来新州等地一个特殊的溪洞豪族阶层相关。

东晋南朝以来，由于各封建王朝都实行依靠地方首领和民族首领来治理岭南的政策，于是在不少较偏远的地区出现了一批具有世袭性政治特权的溪洞豪族阶层。这些溪洞豪族其实不少是历史上北方内地以各种方式迁移岭南后发展起来的大宗族首领。李吉甫《元和郡县志》记载新州“隋末陷于贼”。《旧唐书》卷一〇九《冯盎传》记载唐高祖武德三年（620年）隋左卫大将军冯盎击新州贼帅冼宝彻。冼宝彻又称冼珤彻，为“新兴名贼”。当出岭南高凉冼氏。《隋书·炀帝纪》记隋末高凉通守冼珤彻作乱，“岭南溪洞多应之”。至武德五年（622年）唐正式统一岭南，但在较长时期内仍沿袭了前代依靠溪洞豪族治理的政策。在新州，即有溪洞豪族何氏等“南方右族”的政治活动。唐朝前期，与古代南方民族铜鼓文化密切相关的岭南溪洞豪族作为一种特殊的地方政治集团不断被剿灭，而成书于北宋初年的《太平寰宇记》却载新州“豪渠之家丧葬则鸣铜鼓，召众则鸣舂堂”。“豪渠”即“豪族”“首领”，铜鼓正是晋唐岭南溪洞豪族财富和权势特有的象征，也曾代表了六朝至唐初亦即大一统的封建王朝大规模政治整合之前岭南文化发展中一段生机活泼、异彩纷呈的历史。今新兴龙山寺中仍保留有古代铜鼓。清代新兴县人陈在谦有《龙山寺铜鼓歌》云：“忆昔峒獠逾节制，以铜铸鼓招顽凶。大钗长股叩都老，闻声四聚如飞虫。”据上可知，南朝至宋初新州一直是一个豪族势力较强的地区。又据宋周去非《岭外代答》卷七“铜鼓”条记载了广右多铜鼓，“所在神祠佛寺皆有之”。说明岭南溪洞地区的神祠和佛寺均与豪族有关。

《曹溪大师传》记惠能于先天元年（712年）圆寂于故乡新州后，惠能在曹溪的门徒欲迎大师全身归曹溪，“其时首领不肯放，欲留国恩寺起塔供养”。在唐代大量历史记载中，新州尚有俚、獠、獦獠杂居，因而这里的“首领”即指还有部族制遗留的溪洞豪族。而这条珍贵的材料则揭示新州的“首领”必定有佛教信仰，而惠能必定与这些“首领”有过相当特殊的关系。这些“首领”即代表如薛爱华（Edward H. Schafer）所指出的自公元2世纪以来随着统一的中央集权政治的瓦解在华南所出现的地方势力。民族学者徐松石先生曾以其卓识高度评价这批具有一定割据色彩的溪洞豪族在岭南地域文化发展中的特殊贡献，认为正是他们造成了一种富有活力、富有朝气和富有弹性的文化，所谓粤族精神和岭南精神就是这种作用的宁馨儿。

以上证明惠能成长在一个确实相当独特的地域文化环境中。虽然唐初岭南溪洞豪族和首领的具体的佛教信仰我们已无法得知，但是可以肯定，南朝至隋唐佛教在岭南溪洞地区的传播发展曾与这一特殊的溪洞豪族阶层结下了不解之缘。南朝后期岭南佛教的发展即与一度控制整个岭南、“盘阻川洞”的欧阳頠、欧阳纥家族有关。陈寅恪先生间接推测欧阳頠家族“殆是俚或溪之种”。然据颜真卿《欧阳使君神道碑》记渤海人欧阳頠“六代祖僧宝始自渤海徙居长沙。五代祖，陈山阳郡公。高祖纥，陈开府仪同三司、左屯卫大将军、交广等十九州诸军事、广州刺史，袭山阳郡公”。欧阳頠之父名“僧宝”，其名即已表明欧阳家族的世代佛教信仰。唐释道宣《续高僧传》对欧阳家族与印度著名翻译家真谛在岭南的弘法及岭南摄论学派兴起的关系有较详细的记载。《全陈文》卷十八慧恺《摄大乘论序》记侯景之乱后真谛欲返旧国。途经番禺，欧阳頠“匡道佐时，康流民于百越，建正法于五岭，钦法师之高行……奉请为菩萨戒师，恭承尽弟子之礼……衡州刺史、阳山公世子欧阳纥深重佛法，崇情至理，于广州制旨寺加翻译”。陈寅恪先生在《隋唐制度渊源略论稿》中指出：“魏晋南北朝之学术、宗教皆与家族、地域两点不可分离。”而六朝至隋唐岭南宗教与文化的发展确实与岭南的家族有关。

郭棐《广东通志》卷六七《寺观》记肇庆府与新兴毗邻也更加偏阻的泷水县（即唐代泷州）在唐代有“龙龛寺”。而唐代龙龛寺和著名龙龛道场的出现即与南朝至隋唐岭南泷州（今广东罗定）的著名豪族陈氏有关。北京图书馆藏刻于明嘉靖十四年（1535年）戴璟的《广东通志初稿》是明清《广东通志》最早的版本，叶恭绰称之为“海内孤本”。其书卷十三记曰：

陈佛智，其先鄢陵人，父法念为梁新、石二州刺史，遂居泷水，世袭宋平郡公。佛智为罗州刺史，陈光大初授南靖太守，以孝义训蛮俗。太建中除西衡州刺史，封安靖郡公，子龙树仕唐历泷南扶、建、万、普、南、施六州刺史。所至镇俗缉奸，盗贼屏息，封鄱阳开国男，孙（集）原累官至冠军大将军，玄孙仁谦银青光禄大夫、都知兵马使。

仅从“法念”“佛智”“龙树”以及下面要提及的“普光”的名字就可知陈氏世代奉佛。又据陈集原镌刻于武则天圣历二年（699年）的著名摩崖石刻《龙龛道场铭并序》记曰：

去武德四年，有摩诃大檀越永宁县令陈普光，因此经行，遂回心口，愿立道场，即有僧惠积宿缘善业，响应相从。惠积情慕纯陀，巧自天性……故得法流荒俗，释教被于无垠……近有交趾郡僧宝聪……闻有此龛，振杖顶礼……又檀越主善劳县令陈叔珪、陈叔玮、陈叔琰痛先君之肇建，悲像教之陵迟，敦劝门宗，更于道场之南，造释迦尊像一座。

泷州地处崇山峻岭中，泷州陈氏家族如同隋唐岭南的钦州宁氏、澄州韦氏、高凉冯氏等所谓“首领”一样原出于中原，但迁居岭南溪洞地区后因其“蛮化”倾向而被正史称为“獠”。石刻反映了唐初泷州龙龛道场的兴建和泷州佛教的发展，同时也证明溪洞深远的泷州还活跃着来自交州的僧人。史籍中尚有大量唐初岭南溪洞“酋帅”“豪渠”“首领”、豪族信奉佛教、兴建佛寺甚至直接参与中印海上佛教文化交流的史实。对此将另文讨论。总之，虽然这批特殊的溪洞豪族具体的佛教信仰已无法确知，然而，与中原内地佛教发展长期受封建王权的严格控制相比较，佛教在岭南溪洞地区的发展确实有其相当独特的背景。

唐初新州一批佛教寺院的兴起，实际上也反映了新州等岭南溪洞地区居民结构和宗教信仰的重要变化。岭南佛教基本上属于汉传佛教系统，其基本信徒仍是汉族民众。六朝隋唐岭南佛寺和佛教传播的地域分布与北方内地移民在岭南聚居地的吻合决不是偶然的。新州所在的西江流域不但是印度佛教从海上到达广州后进入中原内地的途径，同时也是北方内地移民进入岭南的重要通道，因而也是岭南开发最早的地区之一。唐代高州刺史房千里《投荒杂录》记载自广州至岭南南路的古高凉地区的七州，由于行人“惮海波”，“故多新州陆去”。唐和唐以前，新州为广州与岭南“南道”交通的枢纽。《太平寰宇记》称之为“西南道尤好之郡”。因此，在唐代岭南新州实为人口较密集、经济较发展、商旅辐凑的地区。来自北方内地的大量移民也带来了汉族文化包括佛教文化信仰，并成为晋唐岭南佛教存在发展的社会与文化基础。在一些中原内地移民的聚居区，地方统治者往往通过修塔建寺满足其心理要求。因而佛教又被作为一种教化的方式通过地方行政力量推向社会各阶层。而杜继文先生即强调，在南北朝到唐初南来的北方流民群中的游僧，就是禅宗先驱者的社会基础。前引慧恺《摄大乘论序》即称南朝末欧阳家族是“康流民于百越，建正法于五岭”。“流民”即主要指北方内地移民。罗浮山所在的循州隋唐时尚称“山洞”，即“溪洞”。

但东晋南朝以来一直是北方移民的聚居区。唐高宗麟德元年（664年）终南山释道宣所撰《集神州三宝感通录》卷上记“循州在一川中，东西二百，南北百里，寺极丰渥”。沙门道世《法苑珠林》卷二一也有相同的记载。隋代，禅宗三祖僧璨曾率一禅僧团在罗浮山有过长达3年的重要传教活动。《续高僧传》卷一七记又有高僧释慧越，岭南人，住罗浮山中，“聚众业禅，有闻南越，性多泛爱，慈救苍生，栖顿幽阻，虎豹无扰”，“化行五岭，声流三楚”。隋开皇末年，隋炀帝遣舍人王延寿往召追入晋府慧日道场，“并随王至京，在所通化”。其实在溪洞深远的循州，无论是三祖僧璨的传教还是慧越的“聚众业禅”，都应有北方移民的社会背景。而岭南溪洞地区多民族的聚居，必然是多种文化的交错、撞击和融汇。唐代前期，随着封建中央王朝政治统治在岭南溪洞地区的大举拓展，岭南溪洞地区古老的社会结构、民族构成、政治环境、宗教文化都正经历着前所未有的巨大变革，因而也成为唐朝社会矛盾最尖锐的地区之一。而唐初以来岭南地区这种急剧而深刻的社会嬗变，可能也正是一种新思想、新学说孕育、诞生的理想环境。

三、简短的结论

中国中古佛教思想史上的那场“革命”并非完成于中原内地即“华夏文化圈”之内的某一高僧大德，而是完成于“不居华夏之地”而处于“蛮貊之乡”、似乎并没有高深佛学理论修养的惠能，这本身就是一种非常值得研究的文化现象。惠能作为南宗的开创者，其一生绝大部分时间都活动在岭南。通过以上的讨论，我认为惠能从五祖弘忍那里得到的可能只是一种传法权。但是惠能所得之“法”又不可能是一种纯粹的天机自悟。惠能成为禅宗大师乃与其特定的家庭背景尤其是与其早年成长期当时当地独特的政治、社会、宗教、文化环境密不可分。明代著名禅师憨山德清指出，六祖惠能南宗禅“其根发于新州，畅于法性，浚于曹溪，散于海内。是知文化由中国渐被岭表，而禅道实由岭表达于中国”。憨山德清揭示了唐代岭南佛教对中国文化的重大贡献，同时也突出了唐代新州在岭南佛教乃至整个中国佛教史上的特殊地位。

（选自《中山大学学报》1998年第3期，有删节）

文以代兴

——从以江南为师到互为师友的历程

周松芳

周松芳，1969年生，湖南宁远人。文史学者，文学博士，专栏作家。主要著作有《自负一代文宗——刘基研究》《岭南饕餮——广东饮膳九章》《民国味道——岭南饮食的黄金时代》，与人合编《广东九章》《广西九章》《上海九章》《东莞九章》等。

岭南自古偏居一隅，文化相对落后。但从明初开始，以孙蕡为代表的“南园五先生”（另四人为王佐、赵介、黄哲、李德，又称“南园五子”）在广州南园结社唱和，开创岭南诗派，一跃而成为当时国中五大地域流派之一，对岭南文学与文化的发展产生了深远的影响。首先是建立起了岭南文学与文化发展的自信，欧大任在《潘光禄集序》里甚至说“岭南五子”“轶视吴中四杰远甚”。其次是确立了岭南文学与文化发展的传统，岭南后世稍有影响的文学团体，多集于南园，如明中叶欧大任等五人重修南园诗社，明末陈子壮、黎遂球等十二人复集南园诗社，清末梁鼎芬、黄节等八人重开南园后社，上述诸家皆为一代翘楚；且每以“南园后五先生”（欧大任、梁有誉、黎民表、吴旦、李时行，梁有誉还是明代复古派的“后七子”之一）、“南园十二子”（陈子壮等十二人）、“南园今五子”（李洸、熊润桐、曾希颖、余心一、佟绍弼）等相称，以示文脉相承。直至当代，以原籍浙江温州的中山大学著名教授王季思（起）先生为代表，仍在呼吁重接“岭南诗派”，重振岭南文学与文化。岭南文学与文化，自此渐由附庸蔚为大国，如康熙时主盟诗坛的王士祯说：“东粤人才最盛，正以僻在岭海，不为中原、江左习气熏染，故尚存古风耳。”当代文史大家谢国祯也说：“广东地方虽然僻远，但文化极为昌明。在崇祯间，陈子壮、黎遂球、陈邦彦、欧必元等人，以文章声气与江南复社相应和。”在入清后，江南士人更多有师法岭南者。可以说，数百年间，岭南与江南，是从以江南为师，到互为师友的一段文以代兴的光辉历程。

一

先从四库全书《广东通志》卷六十《艺文》中的一篇宋濂的佚文《何氏义田遗训记》说起：

> 何公名真，字邦佐，世居广之东莞，至公始迁惠州。初授中奉大夫江西等处行中书省参知政事。洪武庚戌，移山东行省。越七年，以老致其政。初公追思显荣之盛，由于先世，既于东莞率族人建祠置田以祀群祖，复与弟迪谋悉以其先所遗田捐入以祭其祢祖。公犹未惬于心，乃以惠州城西之私第为义祠，并有所私之田百余顷为义田……而来请记于余。

何真是广东人，从出生到成长及至后来割据一方，均在广东。洪武元年，岭南“和平解放”，何真率部归顺明朝。这无论于朱元璋抑或岭南地区，都是一件具有丰碑意义的大事。揆诸当时的形势，朱元璋虽然征服了长江流域的陈友谅、张士诚和方国珍，但元王朝实力尚存，如其军师刘基所言：“王保保未可轻也。”整个西南边陲当时也尚在元室手里。所以黄佐说：“方是时，操斛扬舲之夫，甫统乌合之众，即称帝称王，盖不特张、陈而已。使其为尉佗之业，夫谁能禁之？”《明史·何真传》也说：“时中原大乱，岭表隔绝，有劝真效尉佗故事者。”这一点，朱元璋在何真归顺之后的褒赠之词中说：“朕惟古之豪杰，保境安民，以待有德。若窦融、李勣之属，拥兵据险，角立群雄间，非真主不屈。此汉、唐名臣，于今未见。尔真连数郡之众，乃不烦一兵，保境来归，虽窦、李奚让焉。”等于是间接地予以承认了。所以，朱元璋虽派廖永忠大兵压境，但何真是以逸待劳，无论胜负如何，至少是双方都会付出惨重代价。这样一来，朱元璋统一全国的时间将被大大延滞。更令人不愿看到的是，整个江南与岭南的老百姓，将为这场战事付出沉重的代价，后果难以估量。

何真的可贵和不俗之处在于，他并不是一个简单的赳赳武将，《明史·何真传》说他“尤喜儒术，读书缀文”。他稍有势力时，即开府辟士，与文人儒士交往，明初岭南诗派的五大家孙蕡、王佐、赵介、李德、黄哲皆受礼遇。而这些文人儒士，从文学与文化发展以及儒家的民本立场出发，是反对战争主张和平的。他审时度势归顺朱元璋，就颇受这些士人的影响；据《明史·孙蕡传》，其归顺朱元璋的降表，“曲尽诚款”，即孙蕡所拟。前此明人黄佐在《广州人物传》中对此大加赞扬：“（廖）永忠不戮一人而南海帖然者，蕡之力也。”

何真所带来的和平，对于岭南文学与文化发展产生了深远的影响。首先，南园五子的交往及岭南诗派的形成与其有相当关系；其次，避免了战乱，为广东的经济文化发展奠定了坚实基础，如黄佐所言，“元末大乱，豪杰云起，锋镝连海峤，血肉渥草莽，独我南海，赖何真保障，得以奠枕无虞，其功伟矣”；第三，客观上促成了岭南地区长期由地方豪强向士绅治理的历史转折，为岭南文学与文化的可持续发展提供了重要保障。还要指出的是，何真归顺以后，并未居功自傲，而是“始终一心”。因此朱元璋对他是放心的、满意的，“未闻微谴加焉”，一直让其担任山东、山西、浙江、湖广等处参知政事或布政使等镇守方面的重要职务，致仕后还封其为东莞伯，并“予世券”。正如时人所说，在明初朱元璋雄猜好杀，大肆屠戮功臣的背景下，“其生荣死哀，诚非一时诸臣所可几而及也”。由于他的善终，使得与其过从甚密乃至依附其的岭南五子，未曾牵连受祸，这客观上有助于岭南文学与文化的发展。

应当说，正是何真的这种政治姿态及其现实的践履，使作为开国文臣之首的宋濂乐于与其交往，并在其致仕之后，接受其请求，为其作《何氏义田遗训序》。但是，这篇序的意义还不止于此。事实上，何真捐作义祠的私第及供养义祠的义田，后来由其子辟为丰湖书室及书室的义田，后人再将丰湖书室发展成丰湖书院。在这传奇历程中，宋濂又再度影入其间；这一次，是通过其得意门生方孝孺。

方孝孺（1357—1402），字希直，一字希古，浙江宁海人。师从明开国第一文臣宋濂，被誉为“天下读书种子”，是宋濂最得意的门生，后因拒绝为朱棣起草诏书，被诛连十族，成为明朝文化的重大损失。

方孝孺与何真父子的交往，俱见于其因何真之子何奉先之请所作的《丰湖书室序》（略）。从序言我们知道，方孝孺初识何真于山东。当时，方孝孺的父亲方克勤任山东济宁知府，而何真适由江西调任山东行省参政，是方克勤的顶头上司。方克勤是明朝著名的循吏，事迹载于《明史·循吏传》。方孝孺与何真，辈份不同，地位也相去悬殊，但从序文看二人相得甚欢；方孝孺甚至“获侍几杖者数月”，愿为方氏幕僚或曰私人秘书。这一不浅的情谊，一直维持着：何真致仕京居，方孝孺父亲遭冤杀，居丧满期回京，即往拜访，与其父亲相论历代治乱之道，情志十分契合。与何真父子的交往，影响到方孝孺对岭南文化的态度。他在另一篇为广东人而作的文章《送梁宏省亲还广东序》中，极力驳斥人分南北之说，大力为岭南文化张本。

二

宋濂与何真的关系先于孙蕡，而与孙蕡的关系也与何真有关——孙蕡是何真所辟之士，宋、何的关系也会直接或间接影响到宋、孙关系，而宋濂与孙蕡的关系最为重要，对岭南文学与文化的影响也最为深远。至于孙蕡之结缘宋濂，在其最初贽见宋濂的诗中已有表白：“惠州枉礼遇，揣己愧明恩。际会幸有时，感激复何言。”这里“惠州”，当指何真；他们初次见面，大约就是在何真府上。

前面已经述及以孙蕡为首开创的岭南诗派在岭南文学文化史上的极其重要的地位与极为深远的影响，而这种影响与宋濂甚有渊源。明以前，岭南与内地文化的联系，基本上是单向的，主要是为官或贬谪岭南者对岭南士民施加影响，鲜少有岭南士子主动北上游学、返教于乡者。在此背景下，孙蕡景仰并师事或私淑宋濂，自有其一种特别的意义。其时宋濂虽然是开国文臣之首，朝廷大制作多出其手，海外都竞相求阅其文章。孙蕡可以像其他士子那样，虽景仰之，但不一定师事之；之所以师事之，其内在的原因在于双方文化与文学主张的相近。在文化上，宋濂为理学正宗婺学传人，孙蕡也倾心理学；据四库全书总目《西庵集》提要："蕡著述甚富，自兹集外，尚有《通鉴前编纲目》《孝经集善》《理学训蒙》。"可见其理学修为与成就。"其《孝经集善》则宋濂为之序"，也可见出他们在理学上的授受渊源。在文学上，宋濂乃至整个浙东派都倾向于征经、宗唐、得古，以孙蕡为代表的岭南诗派，明显的特色也是标举唐音，诗风雄直，这已成学界的不刊之论。

今检《宋濂全集》，孙蕡乃是向宋濂献诗最多的一位，有31首之多。而且从一开始，就表达了对宋濂的崇敬之情。第一首献诗，如前所述，当是在何真府上。如诗中所示，当是宋濂对他这位荒僻之地来的小伙子，不以其位卑名微，而青眼有加（显宦极崇高，下顾念斯文），故其感激不已，献诗以为贽，并说"斐文谢嘉诲，久敬道弥敦"，表示出从师之意。在稍后所献的《陪翰林宋承旨游钟山》中，师从意更为明显：

天上禅关敞薜萝，每缘休沐得经过。云笼梵宇青莲湿，地接皇居紫气多。甘露结花凝木末，醴泉和雨落岩阿。欲陪谢傅金屏约，未解朝簪奈尔何。

而当宋濂致仕返乡之际，更再三表明这一层意思：

承恩初入词林日，亦得叨陪侍从班。云彩九重开凤阁，天光咫尺近龙颜。彤闱侍读青春暖，彩笔题诗白日闲。此去定酬优老愿，软轮游遍越东山。

一自先生离禁闼，玉堂清致更无人。金莲飏彩初寒夕，燕瘦凝香散暮春。著作有官惟故事，论思此道竟谁陈。青云志气惭悲梗，不觉临歧泪满巾。

而最集中最直白的表现，见于《送翰林宋先生致仕归金华二十五首》。这一组诗，既全面反映了宋濂的志趣与功业，也直白而急切地表白了彼此之间的关系或者孙蕡所想象的关系。其三说："二十余年侍禁闱，趋朝常早晚归迟。春坊一掬临分泪，记得垂髫受业时。"很直白地将宋濂说成是自己的受业之师。而在受业门生中，孙蕡还认为宋濂对他是青眼有加的："门生日日侍谈经，独向孙蕡眼尚青。几度背人焚谏草，风飞蝴蝶满中庭。"（其四）因为这种感觉，所以孙蕡对宋濂的致仕十分不舍，不仅说“后学无师误少年”，将宋濂抬到天下师表的高度，更说“在于蕡也更堪怜”，表明一意师宋的坚贞情怀：“联班欲上陈情表，留取先生住讲筵。”（其十九）

孙蕡景仰宋濂，与其子宋璲也甚相得。其《西庵集》卷六有一首《怀朱太史芾宋舍人璲》：“谁怜飘泊向江关，独倚长风忆妙颜。老我黄尘三楚外，羡君华藻五云间。清时步武蜚声蚤，晚岁逶迤奏牍闲。钟阜冶城苍翠里，何由更得共跻攀。”孙蕡明初和与宋濂齐名、同为浙东诗派首领的刘基的交往，文献乏载。不过《西庵集》卷五有一首《奉太史令护军公》：“虞渊捧日帝羽仪，文事武备天人师。笔端词翰河汉决，胸次韬略风云随。邦基肇造古伊吕，谟猷笃棐今皋夔。画图麒麟盟带砺，仙游更与赤松期。”诗虽未明言献给谁，但详诗意，明初做过太史令，而又有开国勋业者，只有刘基。此诗可以见出孙蕡对于刘基的无限推崇之情。

道光《广东通志》和《肇庆府志》都载有一篇标为宋濂所撰的《靖江右相李公墓志铭》，其实即洪武年间曾任桂林府学教授的东莞人陈琏所撰的《故资政大夫靖江相府右相李公墓志铭》。而这篇文章之所以张冠李戴，当是因为李质和宋濂关系原本不浅，以及作为开国文臣之首的宋濂，和以其为代表的浙东学术或更宽泛地说江南文学，在岭南士民中留下了较深的影响。

需要说明的是，《明史》本传以及前述黄佐的传记，都说李质是从何真附降朱明王朝，其实李质虽曾为何真僚属，但至元末明初，在岭南的地位亦是一独立的割据军阀。其起身缘由如下：“德庆民何国宾、张宗达倡众为乱，真以兵遣质归，募乡兵二万余，立堡栅于龙冈之上，与陈文仲设策防御。时官舍民庐俱焚毁殆尽，守令将帅悉付印绶於于，质亦挺身为经画，朝夕练兵。遣其从子伯豫同总管文仲督募兵讨诸贼，悉平之。上连苍梧、象郡，下接三山、九江，皆蒙其保障。”至此割据岭西。对此柯劭忞《新元史》卷二五七《李质传》的说法是：“一时三山、龙潭诸贼，莫能与争。朝廷嘉之，授广东枢密同佥。”以至于“何真恐质图之，遣其幕士孙蕡说与连和”。而黄佐祖父黄瑜《双槐岁抄》卷一“何左丞赏罚”条引东莞谢用宾京录何左丞真遗事言：“李质据有岭西，真欲并之，以从简谏而止。”黄从简即黄佐的高祖。

正因为李质作为割据一方的乡豪，他虽然名义上附从何真降明，而所获得的待遇则近似何真，最后官至刑部尚书的高位。反是，真正的何真的部属，往往只得授较低级官员，例如巡检、百户等。即使何真本人的子弟，开始也只任低级军职，如其子何贵，只是因为在洪武十六年回粤收集旧部有功才得任指挥佥事。

而宋濂所撰的《送刑部尚书李公新除浙江行省参知政事序》对李质也给予了较高评价：

> 大丈夫生于世也，先贵乎立志。既立不加之以问学，犹玉卮无当其质，虽美弗适于用也。问学既充，不遘其时，犹操瑟立齐王之门，虽有其艺，而三年不得入也。时既逢矣，苟处之闲曹冷局，淹回下僚，犹瞻仰岱岳之巍峨，亦未易叫阊阖而呈琅玕也。古之人，固曰不可企及，亦其全是数者，然后能立事功而垂竹帛也与！晋康李公文彬，器度宏伟，昂然负高志，博习经史，必期明体以达诸用。当是时无有慰荐之者，浮沈府掾中，日以泽物为己任。会海内不静，群盗磨牙吮血，杀人如麻，公集兵二万人，保障封川、肇庆、新昌、德庆四郡，凡十五年，强兵如九江剧盗，如三山龙潭，卒不能犯境。累加以重爵，公惟知恤民为急，而无所外慕，由是荐绅之胜流，岩穴之处士，与夫技艺百工商贾之属，咸驩然称之曰：“活我子女，全我室庐，存我金缯者，其惟我李公乎！”公犹欿然，每以为未足。
>
> 及天兵下广东，德庆侯实总戎事，闻公之名，遣使者聘起之。既入见上，署为中书断事官，迁大都督府，持法平允，声誉翕然有闻。寻改小司寇，未几升秋官。又未几，上御外朝，亲擢为浙江行中书参知政事，中外莫不慕艳之。夫以公之贤，能遭四海雍熙之世，上简万乘之知，入司喉舌，翔翱法从，出镇行垣，仪刑州牧，银章艾绶，蔚乎其光华，画省长棘，俨乎其雄肆，足以行所志，而不负其学矣。大丈夫之际遇有如此者，可不谓之荣乎？
>
> 抑予闻岭南郡县以百余计，而东广为最盛，其出而仕者未尝无其人，唯张文献公暨余襄公，卓然清风，振起百世。公固广产也，

中朝士大夫宁不以望二公者为公望乎?

对比为何真所作之序，宋濂显然对李质的评价要高一些，尽管何真的地位相对更高。而尤须注意的是，尽管二人的功业地位与官品均高出宋濂不少，但作为开国文臣之首的宋濂，在为二人写的序中，均表现出一种文化上的自信与优越。为何真写的序中，仅就何真为祠堂义田之事“来请记于余”而敷陈成篇，毫无恭维之意。为李质写的序，则径从有志于学，学而逢时而用，勉励李质在新的岗位上有所作，仿佛言之于后生晚辈。再从文中宋濂说岭南仕宦，自古以来，惟张九龄与余靖可以名世，希望李质他日能跻肩于三，其岭南自古人文不兴的心态溢于言表。

李质还曾请宋濂最好的朋友刘基的门生徐一夔写过一篇《德庆府端溪县新建庙学记》。相较李质，徐一夔辈份低了一级，官阶几乎没有（也不愿有），其姿态仍然是平视的。应当正是基于这种文化上的仰视，李质的后人才愿意张冠李戴将陈琏之文改篡成宋濂之文，同时也见出宋濂对于岭南文学与文化的深远影响之一斑。

三

从现存文献来看，明初岭南仕宦与江南文人的交往，多限于浙东之士；这是时势所然，也是岭南仕宦的选择使然。浙东在元末明初是理学正宗嫡传之地，群星璀璨，人才辈出，史有定论；就诗歌创作而言，后世虽有五派之论，然就经史之学，实各区域均难与相抗。再则，即便就五大诗派而言，吴中派既乏老成之士，又早经朱元璋的弹压，声势不敷。其他各派，与浙东相较，直可谓晚辈后生。从何真、李质、孙蕡与宋濂、方孝孺、徐一夔等浙东士人交往中所取的姿态，即可充分说明。孙蕡的姿态，更有象征性意义。因为孙蕡并不仅仅是何真幕下之士，而是代表岭南士人的一股力量。故前述何真当心李质相图时，出面调停的乃是孙蕡。明兵下岭南，主张归附，并亲草降表的，是孙蕡。孙蕡虽是何真门下之士，同时也不讳言为李质门下之士。

岭南诗风，向以雄直、古雅著称，并将其归之于中原文学的传统。从上述岭南仕宦与江南文人的交往中，笔者认为，这是有问题的。因为岭南文学的真正崛起，就始自南园五子；此前零敲碎打，不成气候，也不成传统，此后是局面大异于前，文章开篇已有所述。那么，岭南文学渊源考索，重点应从元末明初开始，重中之重是岭南五子及其周围人士——固然也要顾及此前。循此，从上述以孙蕡为代表的明初岭南仕宦与以宋濂为代表的浙东文人的交游考述中，我们可以说，岭南文学的主要渊源，当是江南，而在江南之中，又集矢于有深厚的经史传统，主张宗经致用的浙东。相较之下，岭南诗风的雄直、古雅，如孙蕡“五古远师汉魏，近体亦不失唐音”，在当时五派之中，与吴中的相对软媚、江右的偏于馆阁之气、闽中的偏于拟古，更接近以刘基为代表的奇崛雄肆，跨宋元而上的浙东诗风。再则，当时江南作为人为渊薮，文化后起的岭南，寻找一个学习的对象，一个努力的标杆，也是舍江南其谁！试想明初之所以兴起科场大案，乃因为所取多为江南之士；揆诸当时情形，并无偏袒之处，倒是后来推倒重来，纯出政治的需要。而在文化重心南移江南的历史背景下，真正与中原士人游，不仅无助于诗风的雄直、古雅，相反还增其软媚。这一点，洪亮吉论清初岭南三大家诗已有揭示：“尚得昔贤雄直气，岭南犹似胜江南。”邓之诚进一步阐述道：“大均与江南畸人逸士游，未改故步，佩兰与中原士大夫游，俊逸胜而雄直减矣。”

但是，以学生的心态以江南为师，并不妨碍岭南文学坚守自己的特质。在明初岭南五子的作品中，大量反映岭南风物的诗篇，就是一个象征。对此，清初岭南三大家之一的陈恭尹总结道：“百川东注，粤海独南其波；万木秋飞，岭南不凋其叶。生其土俗，发于歌咏，粤之诗所以自抒声情，不与时为俯仰也。”

更能说明问题的是，从此之后，岭南文士的对外交往取向，也多为江南文人，而且常以受江南文人的教诲、名题等为荣尚。陈永正老师的《岭南诗歌研究》，提供了大量此类材料。比如说，惠士奇，江苏吴县人。雍正年间提督广东学政六年，岭南诗人何梦瑶、劳孝舆、罗天尺、苏珥入署从学，人称“惠门四子”；又与吴世忠、陈世和、陈海六、吴秋合称“惠门八子”，具一时人文之盛。杭州人杭世骏乾隆十九年任教粤秀书院，与何梦瑶等往还，遍游岭南名胜，作诗五百余首，编成《岭南集》。阮元任两广总督，创办学海堂并亲任山长，网罗张维屏、谭莹、陈澧、朱次琦等，岭南文风极一时之盛。尤其是屈大均，在其成长的关键时期，先后得到两位文坛盟主钱谦益与朱彝尊的奖掖，屈大均本人对此也感念不已："名因锡鬯起词场，未出梅关人已香。"重要的是，由于其以僻处岭南的一介布衣而获得文化中心领袖的奖掖乃至推崇所带来的最重要正面影响，乃在于"三吴竟学翁山派，领袖风浪得两公"。

江南文学固可为岭南文学的重要渊源，岭南文学也在自我的坚守中，不断成长，并反过来影响到江南文学，颇有教学相长，青出于蓝之意。比如前述的屈大均，比如后起的黎简。钱仲联就说："清中期广东诗人黎简，受浙派的影响，反过来他又影响浙派。有两方面：一方面影响浙西秀水派，但毕竟不同；另一方面影响浙东大诗人姚燮。"

在中国文化趋势南移的大背景下，岭南文学以江南文学为师，但又有自己的坚守，并接受外来文化的影响，反过来又影响到江南文学，从而形成一种良性的互动的区域间文学生态，这是很值得注意的一种现象。

（综录自《江南文化研究》第五辑、《昆明学院学报》2012年第2期作者相关论文）

编者补白：屈大均的《广东新语·诗社》先介绍了南园五子开创的诗社传统："广州南园诗社，始自国初五先生；越山诗社，始自王光禄渐逵、伦祭酒以训；浮丘诗社，始自郭光禄棐、王光禄学曾；诃林净社，始自陈宗伯子壮，而宗伯修复南园旧社，与广州名流十二人唱和。"认为这种传统，形成了独特的广东文化风气："叶石洞云：'东广好辞，缙绅先生解组归，不问家人生产，惟赋诗修岁时之会，粤人故多高致乃尔。粤诗自五先生振起，至黄文裕而复兴。'"并将这种文化风气归诸时代文化的大转移，即在这种大转移之中，岭南成为了《诗经》的"风雅之南"："陈云淙云：'太史公谓齐鲁文学其天性，粤于诗则有然矣。我国家以淮甸为丰镐，则粤应江汉之纪；风之所为首二南也。五先生以胜国遗佚，与吴四杰、闽十才子并起，皆南音，风雅之功，于今为烈。’欧桢伯云：‘明兴，天造草昧，五岭以南，孙蕡、黄哲、王佐、赵介、李德五先生起，轶视吴中四杰远甚。’百余年来，经术贵而声诗绌，一振于弘治、正德，大都三河东西秦之产，淮南江左稍稍响应。当世宗皇帝时，泰泉先生崛出南海，其持汉家三尺，以号令魏晋六朝，而指挥开元大历，变椎结为章甫，开荒薙秽于炎徼，功不在陆贾、终军下也。”

清代广东人在上海

冯尔康

冯尔康，1934年生于江苏仪征，南开大学中国社会史研究中心教授，历任中国社会史学会会长、南开大学社会史研究中心学术委员会主任、国家清史编纂委员会委员等职。主要著作有《雍正传》《中国社会史概论》《中国宗族制度与谱牒编纂》等。

上海历史地位的变化与移民，尤其是与广东人有重大的关系。

上海在清朝前期就是一个交通商业重镇，《江宁条约》被辟为通商口岸之后，由于其优越的地理位置，发展迅速，洋务运动后，成为全国最大的工商业城市。徐润在1883年说："上海自泰西互市，百业振兴，万商咸集，富庶甲于东南"。岂只富甲东南，孙世馥在《徐愚斋自叙年谱序》中说"上海为中外总枢"。清末上海商业之兴盛为全国之冠，"实为中外贸易之中枢"。在政治上上海也有举足轻重的地位，达官贵人、社会名流留恋于此，所谓"四方冠盖往来无虚日，名流硕彦，接迹来游"。维新运动主将康有为甚至有迁都上海的设想。在行政上上海虽然只是苏松太道的驻地，但实际上是一个经济政治中心。清代，主要是近代，上海地位变化巨大，发展迅猛。

上海的兴盛，除了土著居民的贡献，移民发挥了重大作用。它是一个移民城市，新的居民来自江苏、浙江、广东、福建、安徽等省。如果我们把清代上海的发展，比作一个演员的演出，他学艺时的教师、演出中的导演、化妆师，都起了不可缺少的作用，外省迁民与土著共同建设了上海，广东人也是上海建设的导演之一。

广东人究竟如何在上海发挥作用，以及起了什么作用呢？

一、粤人向沪移徙及其群体

广东沿海居民，富有冒险精神，在清代，国内至各省，海外往南洋、美洲，多从事商业和做工，像潮州“舶艚船，则运达各省，虽盗贼、风波不惧也”。

粤民到上海，在清前期就不乏其人。乾隆中周硕勋主修的《潮州府志》，说到该府“妇女妆束，以航海往来苏松间，相仿者多”。这是说潮人经海道到上海，进入松江府，再到苏州。既然形成女子学习苏松人化妆的习惯，可见往来苏松的人不在少数。随着清代经济发展和粤人经商的敏感，在上海开埠之后，即意识到它是“南北仕商往来孔道，交易有无之路通，为生可以致富”。遂热衷于到上海做买卖，所以十九世纪五六十年代沪上粤人激增，以后陆续增加，绝对数量很大，在上海人口中占了相当大的比重。

上海开埠，西方殖民主义者和商人纷纷到来，原在广州贸易的转向上海，广东的买办商人看到这种形势，与西方人同时赶往上海，有的还走在西方人前头。四五十年代上海的中西贸易中的掮客、通事、买办有一半是广东人，甚至于达到三分之二的惊人比重。经营进出口贸易的广东商人同样极其敏感，对上海产生浓厚兴趣，易地而来。

广东人到沪，因家族、宗族、邻里关系，互相牵引，像滚雪球一样，人数越来越多。有名的买办、官僚商人徐润、唐廷枢、郑观应家族就是显例。徐润的伯父徐钰亭在沪任宝顺洋行总办；四叔徐瑞珩在沪经营绿茶业，徐润即由其四叔于1852年带到上海；徐润从叔徐关大于1855年到沪当礼记洋行学徒；1875年徐润在沪举行家宴，出席的有其堂弟宸臣、笏臣、赞臣、枚臣、揆臣及玉生、小勤、述斋等人，可知其家族在沪人口之众。香山唐廷枢、廷植、杰臣、纪常、廷庚、国泰均在沪营生。郑观应的叔父郑廷江也在上海做柯化威洋行买办。广东人到上海之多，在王韬的小说中都有了反映，《淞隐漫录》写蓟素秋是孤儿，跟随姑母生活，其姑母是粤商的妾，该商安家在上海，经常到汉口买茶，及至“赭寇南下”（当指太平军到江南），粤商携带他们返回广东。这个故事可谓粤人在沪寄居经商事实的艺术再现。

在清末二十五年中，租界内的外省人口比上海本籍人口多得多，土籍不足1/5，粤人又在客民中占多数地位，所以在租界的整个华民中也占较大比例。总之，粤人移民上海，成为当地居民的重要构成成分。

移居上海的广东人，为了维护共同利益，建立了同乡团体。

团体建立，形成粤帮势力，与本地人及江苏、浙江、福建等省人的帮派构成不同的派系。广东人组织的势力，从一个侧面反映广东人移民上海的兴盛和拥有巨大的势力。

二、粤人在经济领域的活动和势力

清代粤人在沪，开始是从事传统的区域间物品交流，中英鸦片战争以后，大量贩卖鸦片，并从事买办活动；洋务运动兴起，买办转而为官僚商人，兴办新式企业，中小商人也建造工厂；在清代最后五十年中华人出国做工、经商骤增，粤人又在上海经营适应华侨需要的贸易。

明代就有广东人到上海经商，明末清初人屈大均在他的名著《广东新语》中说：“广州望郡，人多务贾与时逐，以香、糖、果、箱、铁器、藤、腊、香椒、苏木、蒲葵诸货，北走豫章、吴、浙，西北走长沙、汉口。”广东人经商到上海，明代已经兴起，而明末清初的战争中断了它的发展，“康熙后期起逐渐恢复，乾隆以后兴旺起来”。杨光辅以歌咏的形式描绘沪粤间的贸易：“湘南好，锁钥仰雄关，商货万樯通岭表……”“湘南好，市价日高低，海舸贩来红木段。洋行收去白花衣，民瘦客商肥”。嘉庆间，褚华在《木棉谱》中写到：“闽粤人于二三月载糖霜来卖，秋则不买布，而买花衣以归，皆装布囊累累，盖彼中自能纺织也。”广东到上海的商船，称为“估船”。一个月能往返一趟。广东人贩到上海的货物，以砂糖为大宗。红木、香料、染料（苏木）亦复不少，运回去的主要是棉花，其次是陶瓷、茶叶。上海商人用“沙船”把本地棉花、布匹运往广东。

广东人随洋人到沪的，做掮客、通事，发展为买办。

清代后期上海经济界大家盛宣怀、唐廷枢、徐润、郑观应、杨坊、严信厚、祝大椿，其属于粤籍的，都是买办出身，在给洋行经营丝茶之时，积累了经验和资本，于是自行从事这方面的经营。广东籍商人在沪经营丝、棉、茶，到这些商品的产地收购，运输到上海，转售给外国商人，行销海外。丝、茶、陶瓷是中国的主要出口物品，广东人在沪经营对外贸易，地位重要。

随着洋务运动兴起，清朝在上海开办机器制造局，提倡官商合办近代企业。清末官督商办有四大企业：上海轮船招商局、上海机器织布局、开平矿务局和电报总局。电报总局始设天津，后改上海，所以上海有其三，这些企业，都是以广东商人为主干设立起来的。在上海的广东人兴办了近代企业，只有他们才能打开局面，这是因为：第一，他们在洋行实习过，有办近代企业的经验，能破坏中国固有陋习，使用新的经营方法，把企业办好；第二，他们本身有资本；第三，他们凭藉同乡的关系，能联络上富有的在沪乃至在其他地方的广东商人到上海投资。

在上海经营对南洋华侨贸易的，主要是闽粤商人。十九世纪六十年代至甲午战争期间，广邦协泰和、潮邦花德盛，甲午战后，潮邦仁诚、谢璧记、春华等商号主要从事南洋华侨所需商品的交易。

广东人在沪经营工商业，特别是新式企业，对于当地和中国经济的发展、经营方式和生产关系的变革有积极意义：一是创办近代工商企业。在造船、航运、电报、纱布、造纸、保险等业，其中有旧行业，有过去所没有的新行业，但都有采用新式生产和经营管理方式的，破坏旧行业的管理办法。二是买办资本向民族资本转化。原来买办在洋行搭股，是买办资本，从中分化出来，开办民族工商企业，成为民族资本，扩大了民族资本队伍，对发展近代生产有利。三是保护中华利益，与外国经济势力进行商战。以航运业讲，轮船招商局设立以前，由美国上海轮船公司、英国大英轮船公司控制长江航运，所以法国人梅朋、傅立德在《上海法租界史》一书中说，轮船招商局的出现，“是令人注目的”。它与英、美轮船公司竞争，挽回部分航运权利，其主管人之一郑观应说它“实为中国振兴商务之权舆”，也不算过分。郑观应还说他自己先做买卖，后来搞民族企业，是“初则学商战于外人，继则与外人商战，欲挽利权以塞漏卮”，用外国人的办法与外国人竞争，争取中华民族的权利。四是出现近代生产关系则与新式企业建立的同时，出现新的生产关系，即民族企业内部的资本主义生产关系，有利于生产力的发展。五是影响改良主义思想的产生。新式企业出现必然影响思想界，提出适合于它生存、发展的要求，郑观应就成为改良思想家，提出工艺救国的主张："工艺一道为国家致富之基，工艺既兴，物产即因之饶裕。欲救中国之贫，莫如大兴工艺。"成为后来问世的工业救国论的先声。同时他主张政治改良，要求设议院。

总之，在沪粤人对于发展上海经济，尤其是建设近代企业，起着举足轻重的作用；没有他们，就没有上海的近代企业和发达的经济。这种作用在十九世纪八十年代以前，江、浙籍人在沪势力没有超越粤人之时，更加显著。洋务运动以后，上海成为近代化趋势明显的城市，经济枢纽的作用与日俱增，促进全国的微弱的变化，同时粤人又是以上海为据点，四处经营工商业，所以他们对上海的作用，影响到全国。

三、粤人在上海的政治活动及其作用

广东人领头发动上海小刀会起义；维新运动中的上海，是康梁制造舆论的中心。在这清代后期上海两大政治事件中，广东人都做出了杰出贡献。

广东的移民把在广东流行的民间结社天地会带到上海，正是这一组织，作为基本力量发动了小刀会起义。这个团体的首领是刘丽川。刘是广东香山人，1845年参加天地会，1849年只身到沪，发展天地会成员，使之散布于上海及邻县青浦的城乡。1853年3月太平军到达南京后，上海民众谋图响应，刘丽川联合其他会党，并大度地以小刀会为联合团体的名称，于当年9月发动起义，给上海的历史留下了粤人的重重的一笔，光彩的一页。

戊戌变法是在北京进行的，舆论中心却在上海。不管在哪里，最重要的人物中都有广东人康有为、梁启超，而康梁在上海制造舆论的作用更大。1895年8月康有为在北京创办《万国公报》；次年1月上海《强学报》创刊，康有为令其弟子、广东人徐勤、何树龄主持笔政。北京、上海强学会先后被查封，浙江人汪康年办《时务报》，梁启超任主笔，康

门弟子粤人麦孟华、徐勤、欧矩甲先后来主笔政，番禺人黄延耀为该报理事，管理财务。黄遵宪为参预上海强学会活动，为《时务报》的出版筹款独多，贡献甚大。《时务报》自1896年8月9日创刊，至1898年8月8日止，共出版六十九册。刊出梁启超的《论报馆有益于国事》《变法通议》《西学书目表序例》，欧矩甲的《论大地各国变法皆由民起》，徐勤的《中国除害议》等文，鼓吹变法。康梁在沪宣传变法维新思想，富有浓厚的政治色彩，倡导爱国主义、民族主义，主张废科举，清积弊，开议院以通下情，开办近代工商业。这些思想渗透到士大夫阶层，为变法制造了舆论，把维新运动推向高潮。

康有为在沪组织学会，对民间政治团体的建立起了巨大的推动作用。清朝历来不许士人成立政治组织，北京强学会的建立突破了这种限制，上海强学会的设立再次对限制政策加以冲击。北京强学会与上海强学会开创之举，打破了清朝严禁结社法令，以后民众组织社团已成不可遏制之势。事情还不只是在创立之功，更重要的是这些团体具有近代民主色彩，是明清之际的稍具政治色彩的复社、几社和清代的民间秘密结社所不能比拟的。爱国者建立团体，就为推翻清朝统治作了组织准备，所以强学会的建立有着深远意义。

仁人志士在沪集会、办报、译书，宣传救国救民的道理，要求变法维新，在北京强学会被查封之后的1897—1898年间，上海成为思想最活跃的地方，唱出变法的时代最强音，是宣传维新变法的舆论中心。康有为到沪举办社团和报纸，他的学生梁、麦、徐、欧及弟弟康广仁、同乡黄遵宪、黄延耀等人的宣传组织活动，对上海成为宣传维新思想的阵地起了倡导作用和推动作用。没有这批广东人的到来，上海难以成为维新舆论中心。

广东移民是19世纪后半叶的上海居民的重要构成部分；广东人在上海开办商店，经营转口贸易，建立近代式企业，对上海经济发展，对其成为对外贸易中心、航运中心和开始走向近代化的城市，起着巨大的推动作用；广东人在近代上海的政治舞台上相当活跃，起过促进社会变革的良好作用，广东人还在上海组织地域性、商业性团体，办理社会救济事业和公益事业，一定程度影响上海居民的社会生活。总之，作为移民城市的上海，有了广东人的新血液，面貌发生很大变化，它的历史，具有了广东人的一些面貌；或者说，没有广东人的参与，清代后期的上海就不会是它那样的历史面貌。

（选自南开大学历史系编《中国史论集》，天津古籍出版社1993年版，有删节）

编者补白：广东人在上海这个大舞台上，鼎力塑造着上海的辉煌，同时也在成就自己。其实，我们也可以说，一部广东近现代史，假如没有上海（这个舞台），会是什么样，更可以说，一部中国近现代史，假如没有上海，会是什么样。上海与广东，也可以说长三角与珠三角良性互动的历史启示我们，中华文明的新的伟大复兴，正有赖于中华文明各个可以细分的区域文化的互动共融和新生。这也正是岭南文化在自觉其历史承担，不断引领对外开放，更要不断“北伐”促进对内开放的重要意义。

《广东人在上海（1843—1949）》序

熊月之

熊月之，1949年生于江苏省淮阴县（今淮安市）。上海社会科学院副院长、历史研究所所长、所学术委员会主任、研究员、博士生导师，市政协委员、市历史学会会长、市史志学会副会长、中国史学会副会长等职。主要著作有《章太炎传》《郭嵩焘传》《上海700年》等。

广东人欧榘甲在清末写过一本《新广东》，讨论广东特质，要点有四：一曰人才之出众。通商最早，风气最开，通外事而知内情者所在多有，办实业，兴制造，开报馆，开学堂，开学会，开国会，游学海外，议论国事，爱国爱种，无不由广东人发起，于是全国之事，几乎有广东人则兴，无广东人则废。二曰财力之雄厚。广东财雄闻于天下，咸丰同治以来，国家若有兵事、赈荒、国债、赔款，举凡大款大项，无不向广东搜刮，其数常倍于他省。至于广东财富之耗于官吏、耗于外洋者，更不知几何。广东一县之财，往往胜于其他荒瘠之一省而有余。三曰地方之握要。背负长江，面对南洋千万岛屿，紧扼东西两洋之吭。外国文明输入中国之前沿，东西两洋轮舶所必经，万物运输，无能留阻。四曰户口之繁殖。广东人口滋生之易，世界殆无其匹。人口众多，不独充塞其本部，流寓海外者达数百万。

原文颇长，这里只能述其梗概。清末反满交响乐中盛奏地方曲，各省人各说本省特点以自炫，浙江人办《浙江潮》，湖南人办《新湖南》，江苏人办《江苏》，直隶人办《直说》，巴蜀人办《鹃声》，陕甘人办

《夏声》。湖南人杨度的名言“中国如今是希腊，湖南当作斯巴达。中国将为德意志，湖南当作普鲁士。若道中华国果亡，除非湖南人尽死”，最有代表性，传诵一时。在这种情境下，广东人编《新广东》，侈言广东优长，不足为奇，即使有些夸耀，也在情理之中。但是，揆诸实际，欧榘甲所言，条条有据，事事在理。近代以来，广东人在全国，领风气之先，创时代之新，外抗强敌，内兴实业，接引西学，除旧布新，确实不同凡响。从洪秀全、康有为到孙中山，农民起义、变法维新与反清革命三大领袖都出在广东，绝非偶然。广东人将开放风气吹向全国，也将创新的种子撒向全国。上海是他们重要的活动舞台。上海开埠以后，广东人就追随洋商的脚步来到上海，成为上海移民中极为重要的一支，人多，钱多，影响大。我曾经留意过上海香山（今广东中山，过去包括今珠海）人的情况，感到光是上海香山人的历史就足可写一本大书。香山以一边陲小县，竟然有那么多著名人物在上海活动，既有孙中山、容闳、唐绍仪这些在教科书上都能见到的名流要角，有那么多褒贬不一的买办，徐钰亭、徐润、唐廷枢、唐廷植、唐瑞芝、唐国泰、莫仕扬、郑翼之、徐渭南，有百货业巨头、创办先施等四大公司的郭乐、郭标、郭泉、郭葵、郭琳爽、马应彪、蔡昌，有实业界巨子方举赞、马玉山、郑伯昭，还有撰写《盛世危言》的郑观应，杰出艺术家郑君里，著名音乐家萧友梅，遗世独立的影星阮玲玉，精武体育会创建人卢炜昌、陈公哲，发明四角号码之王云五，小刀会首领刘丽川，上海市长吴铁城……从政治、经济、社会到文化、艺术，群星璀璨，流光溢彩，人数之多，影响之大，令人浩叹！香山一县已经如此，将目光投射到整个广东，人物到事件、团体、网络，如本书所记述的那样，那简直数不胜数，笔墨难摹。很难想象，一部上海史，假如没有广东，会是什么模样！行笔至此，只能套用一句古语：猗欤盛哉，猗欤盛哉！

（选自宋钻友《广东人在上海（1843—1949）》，上海人民出版社2007年版，略有删节）

近代买办群体中的广帮（1845—1912）

——以上海地区为中心

李吉奎

李吉奎，1937年生，广东梅县人。中山大学历史系教授。主要致力于孙中山研究。主要著作有《孙中山与日本》《孙中山年谱长篇》（分卷主编）等。

近代买办产生于鸦片战争之后，但在广州一口通商时期，买办即已有之，其职能且在中国官方文书中得到确认。

对于近代买办的历史地位，极而言之者，列买办、通事、娼妓、流氓为一类，属社会败类，最卑鄙无耻之徒。章太炎论“革命之道德”，按社会职业分道德人品高下，将洋行之“雇译”归入末位（第16位），贬之为“白人之外嬖”。有的学者明确指出，它是“侵略扩张的产物”；有的学者认为，它是殖民地半殖民地国家里替外国资本家在中国进行经济侵略活动的代理人。当然，也有人称它是“中国与西方的桥梁”；或者认为买办是一种通商口岸制度，是土洋混合的经济、商业体制，是西洋文明一切实际方面的灵巧而富有希望的学士。有的学者在指出买办附股外国企业，买办资本代表反动的生产关系的同时，认为买办由附股外国企业转向自办企业，“这是中国民族资本产生的一种形式，它代表着进步的生产关系，至少在中国资本主义新式企业发生时期是这样”。还有学者指出，买办的活动，促进了中国经济的近代化：“买办积累的资本，投资近代工矿业和商业，逐步转化为民族资本，起了抵制洋商和‘稍分洋商之利’的作用，亦有历史进步的意义”。更有学者指出：“买办投资创办民族资本企业转化为民族资本家，扩大了中国资产阶级的来源。应该说这是历史的进步”。凡此均说明，实事求是地评价近代买办的产生、发展及其作用与历史地位，是必要而且可能的。

近代中国经济中心在上海，近代买办的活动中心也在上海，并由此伸展到全国各地。由于地缘关系，近代买办又分成许多帮，其中，广帮是近代买办群体中的大帮，并且曾经是居首要的大帮。

广帮主要由原先生活在广州、肇庆两府，包括珠江三角洲地区的商人所构成。广帮商人中的买办，即本文所要讨论的近代买办群体中的广帮，是如何由广东区域性的商人，而成为买办中的主流的呢？这与鸦片战争以后由一口通商改为五口通商的状况有直接的关系。在当时的大环境下，广州口岸的衰落和上海口岸的迅速崛起都是不可遏止的。长江中下游，特别是以上海为中心的东南省份是中国财赋之区，是中国出口大宗生丝、茶叶主要的生产地，外商的贸易，尤其是鸦片贸易，也比广州口岸具有更可观的前景。所有对西方国家的进口业务，均与外国洋行有关，而洋商所依赖的，起初便只有随洋行北上的广东各帮买办，其中又以广帮买办为主。他们既是为外人服务的洋行买办，有的买办随着资本增加也开展自己的业务。他们的活动，除了进出口贸易之外，还参与航运、钱庄、电讯、矿业、典当、保险业、铁路、纺织业等各种行业的创办与运作。由于各种原因，广帮买办又以香山人为多，故香山被称为“买办的故乡”。香山不仅涌现了大批买办，而且他们中的一些人还成为中国近代史上的重要角色。例如，唐廷枢（景星）、徐润、郑观应等几个家族，吴健彰、林钦、容闳、叶廷眷（顾之）等人，他们以上海为基地进行活动，业务活动涉及南北各省及长江内地。在天津，怡和洋行的正副买办梁彦青、陈祝龄，太古洋行买办郑翼之，仁记洋行买办陈子珍，华俄道胜银行买办罗道生，德华银行买办严兆祯，都是广东香山人。据金钺《天津政俗沿革记》卷七《货殖》所载，在19世纪60年代初，仅广帮商人来天津的就有五千人之多，“环货日至，阛城溢郭，旁输百厘，诸贾人往往僦屋居积”。在汉口某俄国洋行任买办的容开（星桥），更是一位著名人物。据载，迄19世纪70年代，上海洋行买办仍是“半皆粤人为之”，到20世纪，宁波籍买办在沪的势力，才超过粤籍买办。可见，粤籍买办，尤其是广帮买办，是值得注意的近代买办群体之一部分。本文拟对此作若干探讨。

首先，广帮买办相互提携，异地生根。

澳门、香港为珠江三角洲之一隅，近代以来，为中西文化交汇之区，粤人得风气之先，与此二地固有关系密切。做买办必须通晓英语。香山人之较早产生一批买办，是因为香山与澳门密迩，学习外语具有有利条件，如唐廷枢、容闳均曾在马理逊学堂读书。买办起初职位并不高。根据1832年瑞典人龙思泰所著《早期澳门史》记述：“一个人要在广州筹办一家商行，必须先找一名买办。买办就是得到特别许可执照，充当仆役头目的人。他对商行的内务有总的监督权，按雇主的愿望介绍其他仆人，购买食物及日用品，等等”。战前的买办虽然事实上是洋行的总管、账房和银库保管员、大班的机要秘书，但他们被禁止从事进出口贸易。而且，其活动范围仅限于广州一地。鸦片战争以后，五口通商，英国人可在各口岸交易，特别是1844年《中美五口贸易章程》又规定美商“其雇觅跟随、买办及延请通事、书手……均属事所必须，例所不禁，各听其便”，“中国地方官勿庸经理”。公行制度既已废除，地方官又不再管理，外商便可自由选择代理人了。由于通商初期的实际情况，洋行进出口贸易必须华商居间，这批华商作为洋行代理人，也成为近代买办。这样，近代买办的职能，便由总部总管延伸，参与洋行的业务经理，包括推销、收购商品、签订合同、报关、纳税、运输等活动。买办在一定程度上还受到条约的保护。买办沟通洋人，交通官府，又与市场有广泛接触，这些人作为一个新兴的群体，其社会作用愈来愈显得重要。

早期买办，“多系旧日洋商行店（按指“十三行”）中散出之人，本与该夷素相熟悉”。广帮买办随洋商转移到上海，最早为19世纪40年代。几个著名洋行，都在上海设立分行，如怡和洋行在上海设立分行，伍浩官即前往开辟，阿三（Asam）、阿陶（Atow）、阿福（William Affo）等也是在1845—1851年间先后到上海充任买办的。旗昌洋行到上海设立分行，最初从广东带去三名买办，其重要股东唐廷枢、唐茂枝、徐润等均为粤人。宝顺洋行由徐钰亭任上海分行首任买办，其弟徐荣村、侄徐润继充该分行买办。该行在香港、天津、九江、汉口等处的分行，1861年任买办者俱系粤人。另外，上海美商贝德福（Badford & Co）和莱特（Wright & Co）洋行雇用的买办乃至厨师等华籍职员全系广东籍贯之人。在乡谊与利益驱使下，致使介绍同乡担任买办成为一种普遍的现象。林钦在1863年辞去怡和洋行买办时，举荐唐廷枢接任。唐的兄弟唐瑞枝、唐国泰，均是著名的买办。唐廷枢在1872年离开怡和，任招商局总办时，则由其兄唐茂枝接替其在洋行中的职位，且为其权益的代表。郑观应进招商局时，也保荐同乡杨桂轩任太古洋行总买办。杨梅南任太古洋行买办，则是徐润在经济上作部分担保的。稍后，1919年郑伯昭为推销英美烟叶公司而开设的永泰和烟行，总、分行200余职员，直接由香山乡下招来，非亲属即为同乡。粤籍买办雇用同乡作雇员，使各通商口岸粤籍人数众多。他们不但称职，收入也丰厚。粤籍买办更多的是活动在上海。广帮买办在上海的发展，随之引来了大批粤人，到清末，旅沪粤商达17—18万人，上海曾一度被称为“小广东”。1879年9月5日《申报》记述：“广帮为生意中第一大帮，在沪上尤首屈一指。居沪之人亦推广帮为多，生意之本惟广帮为富。”随着广帮势力的发展壮大，广帮的同乡会——广肇公所也于1872年成立。除了成立广肇公所之外，还购地设立了厝柩的广肇山庄，多所义务小学、中学及广肇医院。广肇公所是上海具有巨大影响和相当实力的工商团体。与之相适应，是做宣传工作。“半系粤人”任执事的轮船招商局成立后，1873年，经唐廷枢、郑观应、叶廷眷、容闳等人策划，粤商集股一万两，创办了华东地区第一份由中国人控制的日报——《汇报》，与英商控制的《申报》相驳难，为发展民族经济作积极宣传。《汇报》的创办得到署理上海知县叶廷眷的支持，唐廷枢助成之，郑观应为之起草章程与办报宗旨，由容闳负责，经理是邝容阶，它可以说是广帮的宣传喉舌。章程中规定，“本局专以翻刻中外新闻，逐日传报，以期改良社会之习惯，周悉外人之风尚，考较商业之良窳，增进国民之智慧，尤要协力同心，公正办理，以图生意畅旺”。这份报纸一年之后在与《申报》的竞争中失败、停刊，不过它的民族资产阶级倾向的政经诉求，是应当予以适当评价的。

广帮商人之所以能在上海办成一些公共事业，与广帮买办起倡议与核心作用是分不开的。其中，又与唐、徐、郑等买办家族所起作用尤其有关，而这几个家族关系异常密切。夏东元教授理清了他们之间的关系，指出："郑观应的家族和他的亲朋中当买办的人就不少。他的叔父郑廷江（秀山）是上海新德洋行买办。他的亲戚曾寄圃是上海宝顺洋行高级买办。他家和有名望的买办唐廷枢（景星）也是姻亲，而与买办商人家庭出身、十五岁（1852年）就到上海宝顺行学艺的徐润（雨之），是'两代相交近百年'的世交。而郑观应的同宗哥哥郑济东，已与徐润同在宝顺学艺了。"中国人历来重乡谊，乡谊中加上姻亲关系，在异地图谋生存发展，条件便更为有利了。上述例子是广帮买办关系网的典型事例。乡谊不但存在于经济活动中，即使在政治生活中也不难发现其实际作用。广东香山人、上海天地会首领刘丽川，在1853年上海小刀会起义中是重新组织的小刀会的领袖。他从19世纪40年代起定居上海，因为能说英语，曾充上海商行的经纪人和丝茶糖业栈伙，并通过行医等活动在上海扩大天地会的影响。小刀会起义后，逮捕了宝顺洋行买办出身、捐官而任上海道台的吴健彰。但不到一星期，吴便在美国人帮助下逃出了县城。根据另一种记载，是刘丽川碍于同乡人情面以及广东人对他的感情而不敢杀他，同时又怕小刀会的另一帮派——福建帮会对他下手，于是暗中将吴健彰"放"了出去。广帮中的人际关系，事实上形成了网络，在相当长的时间内存在一种凝聚力。

其次，是广帮买办的角色转换，由商入官，亦商亦官。

近代以来，买办虽已"于士农工商之外，别成一业"，不过他们在长时间内仍然"耻言身份"。为何如此？盖"向者中国士大夫视洋行买办，不过为洋商之奴隶，唯知奔走奉命，攘同胞之利益。以孝敬其主人……鄙夷不屑道"。宝顺洋行买办曾寄圃要容闳去日本长崎任买办，他婉拒不就："买办之俸虽优，然操业近卑鄙。予固美国领袖学校之毕业生，故予极重视母校，尊之敬之，不敢使予之所为于母校之名誉少有辱没。以买办之身份，不过洋行中奴隶之首领耳。以予而为洋行中奴隶之首领，则使予之母校及诸同学闻之，对予将生如何之感情耶？”他拒绝了做买办去日本任职，但“代表公司以收买丝茶”，结果从浙江到江西、湖北、安徽、江苏等处产茶区调查及收购茶叶。他不愿居买办之名，却行买办之实，原因正是买办地位、名声之不佳。尽管如此，好利之徒，仍趋之若鹜，因为从事这一职业，有政治、经济利益可图。就经济上而言，业此者“顷刻间，千金赤手可致”。广帮货殖华洋，从行商制度中吸取了经验，建立了联系网络，又有新式经营的知识与技能。他们不但为洋商所倚赖、信任，官府方面，也往往借重他们。买办与一般商人同样进行资本积累，用在工商发展方面。他们充任买办，逐渐以附股形式加入洋行经营，逐渐转为合营，最后脱离，自行经营，成为民族资本企业。曾任宝顺洋行买办的徐润，活动范围很大，先后创设绍祥字号、润立生茶号、宝源丝茶土号，做丝茶鸦片生意。其叔父徐荣村还是所谓“苏州制度”的创造者，即为宝顺洋行以鸦片易生丝的经营方式进行贸易。徐润还开设立顺兴、川汉各字号，从事烟叶、白蜡、黄白麻、桐油的经营。徐润在1862—1868年间任买办，所收佣金约80万两。到1883年，其资产已达500万两，其自营收入已占绝大部分。怡和洋行买办林钦“为了将全部时间用于个人生意，辞去了买办的职务”。很明显，从事个人生意，已经可以“赚取远远超过工资和佣金的商业利润”了。家资殷实的买办自然不会满足于现状，于是出现“久贾而官”的现象。值得注意的是他们不仅捐官取得官价与官职，而且担任了重要的实职，拥有政治上的地位，并在政治上有所表现。报捐功名而获得官衔的买办，由于政治地位的提高，有利于从事经济活动，这方面最明显的例子是唐廷枢。唐在进入招商局之前已捐得同知，随着他在办理洋务企业方面的成绩，升为道台。李鸿章甚至保举他“才堪备各国使臣”之任。唐氏本人虽辞去买办之职，但他与洋行关系并未切断，唐氏家族依然是广帮买办群体中的龙头。

在由商入官方面，徐润、郑观应与唐廷枢情况相同。他们追随李鸿章从事洋务活动都有明显的成绩，而本人及其家族也仍然是买办群体中有重大影响力的角色。我们还看到，吴健彰到上海之后，捐资获道员衔，分发浙江差用。在外国人支持下，当上苏淞太道兼江海关监督。他任职期间，仍“与夷人伙开旗昌行”。叶廷眷两次署理上海知县。获同知衔的容闳曾任洋行代理人，他被曾国藩派往美国，为江南制造总局购买机器，旋以驻美副使兼留学生监督身份任职数年，后来还应郑观应之求，代觅上海机器织布局的洋员技师。

就总体而言，买办捐官的未必占多数，不过，这批人的官商兼具的身份，在买办中产生的影响和所起的作用是难于估量的。包括具有官方色彩的买办（买办官僚）在内的广帮买办，是中国资产阶级来源的一个组成部分，这大概是不争的事实。

第三，图谋发展，成为国家近代化的积极参与者。

广帮买办在国家近代化进程中，是一种积极因素，他们扮演了非自觉的积极参与者的角色。毫无疑问，从事鸦片贸易，曾经是广帮买办勾结洋商进行走私、贸易的罪恶行径；买办们分洋商之利，也是事实。但如果人们从近代历史总的趋向来观察，买办群体尤其是广帮买办，功过是分明的。

广帮买办在洋务运动（自强运动）中起了重要作用。在洋务民用企业四大类，即轮船运输业、电信电报业、矿业及纺织业中，均积极投入。至于铁路兴建、金融、银行筹建、机器制造、码头修筑、土地垦殖、保险业、盐务、煤气生产、印刷业及进出口业等新式行业的创建或发展方面，亦都作出了骄人的成绩。他们在建立一种新的商业制度方面，明显起了积极作用。广帮买办还帮助政府购买舰只，培养技术人才。他们帮助洋人开办英华书馆、格致书院，虽然也培养了一些买办，但是也传播了西方文化，培养了一批新式人才。

洋务运动从19世纪60年代开展以来，逐步得到发展，到70年代，随着内外形势的变化，已从求强转变为求富，从制内转变为御外。在洋务派组成方面，显著的一点是增加了新的成分，包括一批具有发展民族工商业能力的商人、买办及具有洋务才干的官吏和知识分子等。买办出身的唐廷枢、徐润和郑观应等人，成为洋务运动中的佼佼者。他们参与创办或经营大部分洋务企业。特别是郑观应，论者或称之为“买办学者”，是早期维新派的重要论家。他写的《救时揭要》《易言》《盛世危言》等著作，提出了一系列改革纲领。他初则学商战于外人，继则与外人商战，欲挽利权以塞漏厄。他的商战思想，就是发展民族经济、在经济方面与外国资本主义斗争的主张。他提出“习兵战不如习商战”的理论，同时还提出一系列改革方案。他将民主、科学问题提到议事日程上来，指出体用须得一致，国家方能富强。将学习西方科技与学习西方民主议政制度结合起来建设近代国家，郑观应的言论实已远远超出洋务派思想家们自强、御侮的变革要求，成为近代维新运动思想家的杰出代表人物。众所周知，郑观应不仅有其改革理论，本身也积极参加洋务活动，在许多方面，他是唐廷枢、徐润等广帮买办的积极合作者；他还得到李鸿章、彭玉麟、左宗棠、张之洞等地方大吏的重视与任用，与盛宣怀、唐廷枢等人长期从事洋务企业的经营。凡此，从制器层次来说，无疑是中国近代化的先驱。至于唐廷枢，在1892年他去世后，郑观应致函盛宣怀说：“盖此公一生精力销磨于商务洋务之中，数十年来备尝艰苦，凡事不因仇怨，顾全大局，力图整顿，洵为吾粤中办洋务之特出者。弟与之谊属至亲，诸多叨爱，相依最久，亦相知最深。”这些评论，大体上是可信的。对于唐廷枢所进行的活动，西方人也有自己的看法。早在1878年6月，上海《远东月报》即称，唐氏“破除旧时之锢习，采用新法，集国人之资，用众人之功”，“又得国人之信任，所见之明无可及也。伊为中国未经创见最大方略之领袖”。他去世后，《北华捷报》认为“他的死，对外国人和中国人一样，都是一个持久的损失”，“要找一个人来填补他的位置，那是困难的”。

郑观应等人也为广东做过一些好事，如为广州、佛山等地修筑码头，以开拓航运；架设粤沪电线；郑氏曾任粤汉铁路公司总办。只是受主客观环境所限，未能有更大作为。另外，穗、港地区的买办，与沪、津、汉口等的广帮有密切的关系，他们与外地的广帮商人一样，关怀桑梓，在广东近代建设事业中，也有过自己的贡献。故在指出粤籍买办为西方商人服务的负面作用的同时，也不能不看到，在中国近代化进程中，他们中的一部分人，确曾起过一些积极作用。

第四，广帮买办中的若干人物对中国政治改革乃至革命运动，亦有所贡献。

根据容闳记述，他在访问天京时，曾向洪仁玕建言七条，作为治国之道。以后，他曾向当道建议开设银行。他参加了戊戌维新运动和1900年的上海国会活动。晚年在美国，还先后支持康有为、孙中山活动，继续关怀祖国命运。辛亥革命爆发后，他让自己的孩子返国，参加共和国的建设事业。如前所述，郑观应的《盛世危言》特别强调发展工商，进行商战；兴办教育，培养人才；开设议院，改良政治。吴广霈的《盛世危言·跋》称之为“针膏肓而起风痹，震痴聋而启昏愦，则此编实医国之灵枢也”。他帮助孙中山上书李鸿章，有的学者认为《盛世危言》中的《农功》篇，是孙中山的作品。他支持维新运动，尽管他未介入百日维新活动。要而言之，容闳、郑观应都是支持社会变革的人。

郑观应等人领导的广肇公所，也为社会变革做过积极贡献。据上海《苏报》1903年4月27日所载，当拒法运动兴起之际，粤商在广肇公所集会讨论拒法事宜。会中有一商董发言称：“公所为广肇两府商务而设，国家大事不得干预。”此言甫出，即遭与会诸商不满，“群起大哗，痛诋该董事无爱国之心”。诸商并争相演说，谓“人皆知广西事即广东之事，救广西即救两粤，救两粤即救全局”。这种言论，反映出旅沪粤商已具初步的民族主义意识。1905年，社会各界掀起要求废除虐待华工的中国与美国的相关条约的运动，国人自发地进行抵制美货，上海商会率先发出号召，相戒不用美货。广帮商人也在广肇公所集会，进一步提出几项措施：中国无论公私，一概不用美人，华人受雇于美机构、企业者，自行辞职；所有华人相戒不用美货。他们的爱国行动，与全市、全国的反美浪潮相呼应，产生了深远的影响，迫使美国政府在对待华工问题上作一些让步。

武昌起义以后，各省震动，纷纷独立，脱离清廷统治。上海居南北之冲，上海军政府能否支持下去，尤为革命成败之所系。新政权之存续，关键在经济问题的解决。在这方面，旅沪广帮也尽了自己的一份责任。据载，1911年12月13日午后二时，旅沪广帮在广肇公所召开会议，到者约千数百人，由温宗尧任临时主席，宣布大会主旨，略谓“目今时局危急，我国民之有勇者，固应策马从戎，而有钱者，尤应竭力捐助，俾得购买枪炮，以谋战事之胜利。我旅沪粤商不下十七八万人，苟能人人捐助，不难立集巨款。诸君亦何乐而不为哉？”并议定：“当由各业认定自本月起，凡有家眷及开行号者，如月须开支百元，则以十元助饷。各业伙友及出店仆役人等，概以每月入款捐助十分之一，按月汇送，源源不绝，以捐至军事停罢为止”。旅沪广帮确实响应号召，用实际行动支持孙中山组织南京临时政府。据南京临时政府公布的《南京财政部收支报告》，在收入部分，“广帮借款”一项，内“银1244元，规平421500两”。这些款项是由广肇会馆、潮州会馆共同筹集的，原定四个月内归还，月息七厘。到1912年12月仍未践约，于是有向孙中山催还之事。

前面提到的汉口某俄国洋行买办容星桥，是容闳的堂弟。他是兴中会成员，作为孙中山的代表，参与策划汉口自立军起义，失败后逃往上海，与在上海的容闳一同前往日本。前述容闳晚年居住在美国，1910年曾帮助孙中山，联络美国商人布思等，搞了一个“红龙计划”。虽然这个计划未能实现，但他支持革命，是十分热情的。他去世之前已得悉民国政府即将成立，欢欣鼓舞，致函孙中山表示祝贺，爱国情殷，可见一斑。

总之，近代买办集团中的广东人群体是值得研究的课题。他们除了替外商服务外，也从事本人的商业活动，而且，广帮中的买办，并非自成群落，而是始终与普通商人一起活动。广肇公所是1872年始建的，当1899年叶雨田等人作《广肇会馆序》的时候，仍然强调“沪渎通商甲于天下，我粤广肇两郡或仕宦、或商贾，以及执艺来游，挟资侨寓者，较他省为尤众”；当唐廷枢、叶廷眷等主持设公所之后，“由此山庄医院鼎足而起，斯同乡里郡县之人有宾至如归之乐”。广帮沪商绝大部分人已落地生根，会馆虽然仍有联络乡谊、处理纠纷的作用，但随着各行业组织的出现，同乡关系也相对淡化。到1904年上海总商会成立后，商人逐渐已用统一口径发言。民族资产阶级不但是一股经济势力，在政治上亦要求分权，广帮中的买办也参与其中。民元郑观应与盛宣怀为招商局协调政策，似可说明共同的阶级利益才是他们考虑问题的出发点，它比日见淡化的乡情要现实得多。

（选自《学术研究》1999年第12期，略有删节）

现代学林　点将南粤

胡文辉

胡文辉，1967年生于广州。资深媒体人，知名学者。主要著作有《中国早期方术与文献丛考》《陈寅恪诗笺释》《现代学林点将录》《拟管锥编》《洛城论学集》以及思想文化随笔《最是文人》《广风月记》《书边恩仇录》等。

编者按：胡文辉先生以点将录的形式撰述现代学术史，颇为学界所重。所录一百单八将中，岭南十一人入选，分量不可谓不重，而其中某些重量级学者，如全汉昇、戴裔煊等，竟不为多数粤人所知，殊可浩叹，同时也可见出岭南文化发展的巨大潜力与磅礴气势。

天杀星黑旋风李逵——梁启超

梁启超（1873—1929），字卓如，号任公，室名饮冰室；广东新会人。

胡适未满三十岁即暴得大名，故有资格作《四十自述》；而梁启超竟有资格作《三十自述》，更可见他入世成名之速。自1896年主持《时务报》开始凡三十余年，梁氏言满天下，名满天下，论知识分子对思想界舆论界的领导力，对现实社会政治的影响力，他不仅是近世以来第一人，甚至求之古今中外，亦罕有伦比。

戊戌变法失败后，梁氏流亡日本，乃藉《清议报》《新民丛报》为言论阵地，开设“新知识的杂货店”，引进西学，观察中国，启发民智，鼓吹改良，从政治到经济，从社会到法律，从学术到宗教，无所不学，无所不论，竟以一人之力而包打天下。辛亥革命前十年，是他写作最宏富的时期，也是他思想支配力最强劲的时期，直可谓“梁启超时代”。但梁氏作为报国志士而逢危时乱世，读书不能不以致用为目标，治学速成，作文急就，又多剿袭西洋乃至东洋成说以为己用，故论思想启蒙则有余，论学术发明则未足。

民国初年，梁氏复卷入现实政治，历任北洋政府司法总长、币制局总裁、财政总长，参与讨袁（世凯）称帝、讨张（勋）复辟两大战役，总计他一生真正专心治学的时间，不过去世前十年左右而已。

但即以区区十年的著作而论，其数量之多，门类之广，已足惊人。史学方法，有《中国历史研究法》及《补编》；文献学，有《古书真伪及其年代》；先秦思想，有《老子哲学》《墨经校释》《墨子学案》《先秦政治思想史》；佛学，有《佛教之初输入》《千五百年前之中国留学生》《佛典之翻译》《佛家经录在中国目录学之位置》；文学史，有《中国之美文及其历史》《陶渊明》《桃花扇注》《辛稼轩先生年谱》；清代学术，有《清代学术概论》《中国近三百年学术史》。散论、讲演、题跋更无以数计。在学术风格上，虽仍不免粗疏之讥，但能综合中外新旧学问而条理化，亦间有一己的发明，其指引后学之功，终不可没。

梁氏又自评为“新思想界之陈涉”，盖手段鲁莽而能大力开山者。则其人置之《说唐》，宜为程咬金；置之《水浒传》，其为黑旋风乎？

按：新会一隅，明朝有陈献章（白沙），近世有梁氏及陈垣，在中国文化史上俱已入不朽之域。梁氏思想多变，“不惜以今日之我，难昔日之我。”梁氏名言也。

天勇星大刀关胜——陈垣

陈垣（1880—1971），字援庵；广东新会人。

新会援庵，义宁寅恪，并称“史学二陈”；援庵生长南粤，寅恪归老南粤，实为岭南学术史的荣光。

二陈俱以史学考证名世，而取径各异，严耕望有精辟的总结：陈垣偏于“述证”，重在史料搜集的详赡和史料排比的条理，虽平实而稳健；陈寅恪则偏于“辨证”，重在史料的巧妙运用和辗转分析，虽高明而危险。故陈寅恪之学，仿佛天马行空，“分析入微，证成新解，故其文胜处往往光辉灿然，令人叹不可及。但亦往往不免有过分强调别解之病，学者只当取其意境，不可一意追摩仿学；浅学之士若一意追摩，更可能有走火入魔的危险。”相反，陈垣之学则如坦克履地，“虽不若寅恪先生之深刻多新解，但扎实稳健，而能见其大，虽卑之无甚高论，技术上作委蛇曲折反复辩论之处也不多；但其创获着实丰硕。前辈学人成绩之无懈可击，未有逾于先生者。”大抵陈寅恪为考史之学，陈垣则为述史之学。陈垣重视目录学、校勘学、史源学的基本功，尤其强调史料的“竭泽而渔”；尽管陈寅恪被视为“史料学派”，胡适强调“有一分材料说一分话”，傅斯年宣扬“历史学只是史料学”，但相比之下，陈垣实际上更接近于史料学派。

陈垣最有突破性的撰述，集中在学术生涯前期，尤以所谓“古教四考”，即《元也里可温教考》《开封一赐乐业教考》《火祆教入中国考》《摩尼教入中国考》为代表，钩沉出久已湮没的早期基督教（聂思脱里派）、犹太教、火祆教、摩尼教入华史迹。《元西域人华化考》用力湛深，体大思精，亦是中西交通史、民族史的空前之作。“古教四考”及《华化考》诸篇，除本身史料详备、梳理清晰的优点之外，在选题上亦契合新学术风气的转变，既填补本土学界的空白，更跻身国际汉学的前沿，故能震动中外，一举奠定其史学地位。

不过，陈氏不通外文，史学能力限于禹域之内，故其中外交通史、宗教西来史及蒙元史的研究，此后已难以为继，而逐渐转向本土宗教史及历史文献的研讨。另一方面，因为抗战发生，他更有意识地将民族主义情绪，假借“宗教三书”以作发扬：《南宋初河北新道教考》表彰北方宋遗民不仕金朝的义节，《明季滇黔佛教考》发掘明末逃禅遗民的反清心理，《清初僧诤记》贬斥清初佛门新贵攀附异族统治的丑态；此外，《通鉴胡注表微》钩稽胡三省注《资治通鉴》所流露的故国情怀。凡此都能以今释古，借古喻今，在史料详博、考订坚实的基础上，寄托他对时事的感慨和认识。

地奇星圣水将单廷珪——岑仲勉

岑仲勉（1886—1961），原名铭恕、汝懋，字仲勉，以字行；广东顺德人。

三十年代，岑氏尚籍籍无名，陈垣将其论著转示陈寅恪，陈复函云："岑君文读讫，极佩（便中企代致景佩之意）。此君想是粤人，中国将来恐只有南学，江淮已无足言，更不论黄河流域矣。"至五十年代，岑、陈同时在广州中山大学历史系任教，遂得聚首于珠江南畔的康乐园。当其时，历史系强手如云，号称有八大教授，后来戏称"八大金刚"；其中尤以岑、陈一聋一盲，年辈最高，学问最深，又皆以中古史名世，故尊之为"二老"云。

岑氏撰作极勤，而以隋唐历史与文献方面的成绩最为丰硕。于传世史籍，有《隋书求是》《通鉴隋唐纪比事质疑》《唐史余渖》；于金石铭刻，有《郎官石柱题名新考订》，而《金石论丛》所载论文，亦以关涉隋唐时代者为多；于诗文别集，有《唐人行第录》《读全唐诗札记》《读全唐文札记》，散篇论著则多收入《岑仲勉史学论文集》。晚年据讲义编定通贯性的《隋唐史》，亦多见其心得；书中对陈寅恪批评甚多，不无角力争雄的心理。

岑氏著作的另一大宗，为边疆民族与地理方面。于西域陆路及南海海路，有专著《汉书西域传地里校释》《佛游天竺记考释》，论文汇辑为《中外史地考证》；于西北国族，则集中在突厥史领域，有《突厥集史》《西突厥史料补阙及考证》，就时代关联性而言，可视作岑氏隋唐史研究的外编。此外，尚有《黄河变迁史》一种，亦属于历史地理范畴的特殊专题，今拟其为圣水将，亦由此耳。

地退星翻江蜃童猛——容庚

容庚（1894—1983），原名肇庚，字希白、希伯，号颂斋；广东东莞人。

昔年中山大学历史系有岑仲勉、陈寅恪二老，为隋唐史的泰山北斗；而中文系容庚、商承祚专精于古文字学，同有二老之目，较之岑、陈虽有逊色，亦足以自立。二氏同出罗振玉门下，容以金文得名，商以甲骨文得名；论著述，容积力深厚而有条理，商则不免零敲碎打。龟骨吉金，艰深冷僻，而成近代显学，商父衍鎏尝笑言“真想不到，如此冷门之学，居然可以谋生”；容氏更自谓“生财有大道，成名有捷径”，盖视研治古物为学术捷径，而古物有入有出，又成财路矣。

容氏出身书香门第，少年失亲，受学于四舅邓尔雅、从叔容祖椿，于金石学早得门径。自1922年北上，至1946年南返，长期任教于北京大学、燕京大学，为其著述的鼎盛期。

容氏一生成就的重心，为青铜器及其铭文的研究。文字方面，编纂《金文编》《金文续编》，前者多次增订，规模宏大，影响深远，为研读古文字必不可少的工具书；论文《鸟书考》及其补正、三考，确定鸟虫书为古吴越等地的特殊字体，亦为重要创获。器物方面，一方面求之故纸，深入梳理宋代以来的铜器古籍，一方面求之实物，全力著录所知见的铜器拓本，在此基础上完成《商周彝器通考》，网罗鸿博，得未曾有，集古铜器研究之大成；晚年又与张维持合著《殷周青铜器通论》，乃改写《彝器通考》而成的简编本。

此外，有通论性的《金石学》《中国文字学》（形篇、义篇），于甲骨又有《甲骨文讲义》《殷契卜辞》（与瞿润缗合编）《甲骨学概况》，于石刻又有《秦始皇刻石考》，然多属综述，非其所长。

容氏自称生平有两大癖好，即金石、书画；金石为其成名之学，而书画则为其终身之好。他早岁寓京时已颇致力于古书画的搜集及研讨，定居广州之后，兴趣更由金石之学转向书画之学。于书法，编《丛帖目》四册，为历代法书丛刻的总录；于绘画，编《历代名画著录目》，补订福开森《历代著录画目》的讹漏；于个人藏物，则以作品为纲，系以作者事迹，撰《颂斋所藏所见书画小记》。论文如《飞白考》《淳化秘阁法帖考》《倪瓒画真伪存佚考》，皆内容厚重之作。

沦陷时期，容氏曾任职（伪）北京大学，战后傅斯年代理北大校长，对于伪校教员一律解聘，容乃发表公开信抗言：“沦陷区之人民，势不能尽室以内迁；政府军队，仓皇撤退，亦未与人民内迁之机会。荼毒蹂躏，被日寇之害为独深；大旱云霓，望政府之来为独切。我有子女，待教于人；人有子女，亦待教于我。则出而任教，余之责也。”乱世仓皇，出处为难，容氏虽属自辩，亦有其情理。

按：大陆易主后，傅斯年于公为战犯，于私为宿敌，然容氏晚年校理文稿，仍存傅氏名姓而未删；并曾教导学生："治殷周古文字之学，要在别殷、周文化之异同……殷商族实出自东夷，傅孟真先生有其精妙之论矣，学之者切不可等闲置焉。"相反，同样为伪北大教员的周作人则于傅氏不能释怀，后来撰文声讨"傅大胖子"系蒋介石帮凶，"在文化文物上做特务的工作"，苦茶庵之冲淡又安在哉？相比之下，颂斋之学人风度固不可及。

容氏专于学问，为人处世不失天真，在动则得咎的处境中，每出言无忌。如五六十年代声称"马列主义不能与文学相结合""'言必称尧舜'，现在大家拥护毛主席跟封建时代拥护尧舜有什么不同？""胡适阴魂不散，附在我身上，我是他的徒子"，"文革"时更指当日"有点像文字狱，这也反党，那也反党，反正大家都没有看出来"。言辞直露，有过于陈寅恪；则历史系有陈氏，中文系有容氏，亦中大精神之光也。

弟容肇祖，治思想史、民俗学，著作甚多；妹容媛，编有《金石书录目》。

地察星青眼虎李云——梁思成

梁思成（1901—1972），原籍广东新会。

中国传统知识阶层多重"道"轻"器"，于形而下的建筑向不重之，故古代中国建筑之学，实由外域学人开先河。惟清末民初政界要人朱启钤（字桂辛）则异于流辈，为官时负责市政建设，即留意古典制作工艺，后发现并刊行现存最古的建筑文献《营造法式》；更于1930年创立中国营造学社，主办《中国营造学社汇刊》，其人可谓中国建筑史学的精神领袖。此后至抗战前，是学社的鼎盛期，其时梁思成、刘敦桢两人分任法式、文献组主任，为学社两大中坚，也是中国建筑史创世纪时代的并峙双峰。

梁氏攻读建筑，原受情侣林徽因的影响，也得到父亲梁启超的支持。他们二十年代同入美国宾夕法尼亚大学，梁读建筑系；因建筑系不收女生，林只得改读美术系，并选修建筑课程。两人结婚并归国后，到东北大学创办建筑系；至1931年加入营造学社，梁任法式组主任。

自此，梁氏双管齐下：一方面以现代观念解读古代技术，在老工匠的帮助下，梳理清工部《工程做法则例》及民间做法抄本，编撰出《清式营造则例》，为理解古典建筑构造的必由之径；由此遂能通解中国古建筑的文法，并通过上溯的方法进而解决北宋《营造法式》的疑难。另一方面则以现代方法测绘古代实物，发表《蓟县独乐寺观音阁山门考》，论定独乐寺始建于辽代，为古建筑调查奠立范式；随后继续调查河北宝坻广济寺、正定隆兴寺，北京卧佛寺、法海寺、天宁寺，山西云冈石窟、应州塔、五台山佛光寺等处，并撰写《宝坻县广济寺三大士殿》《正定调查纪略》《大同古建筑调查报告》（与刘敦桢合作）《云冈石窟中所表现的北魏建筑》（与林徽因、刘敦桢合作）。凡此在当时皆属开创性的工作，且在深度上已较欧日学人后来居上，遂一举奠定他在中国建筑史研究上的地位。不仅如此，他对《营造法式》的钻研又能与古建筑的实测相互证发，以实物来解释《法式》，《法式》中许多无法解释的规定，常赖实物而得明了；同时宋辽金实物中有许多明清所无的做法或部分，亦因《法式》而知其名称及做法。由此纸上与地上，文法与实例，二者相得益彰，可称建筑史学中的二重证据法。

抗战期间，营造学社随中研院史语所迁往李庄。梁氏以抱病之躯，萃力于《法式》一书，完成大多数图解，包括最至关紧要的大木作部分，至六十年代修订为《营造法式注释》（卷上）；同时编纂《中国建筑史》及英文本《图像中国建筑史》，是他个人以及营造学社成绩的总结。至战后创办并主持清华建筑系，五十年代后复参与城市建设规划，以形势逼人，劳心劳力，在学术上已不能多有作为矣。

梁氏夫妇同治建筑史，亦如陆侃如、冯沅君同治文学史，程千帆、沈祖棻同治诗词，已为学林佳话。而二弟思永专攻考古，在地层学上首次揭示仰韶、龙山与商文化的年代先后关系，为现代考古学一大发明；中研院首届院士选举，思成、思永双双入围，更堪称学界传奇。此外，幼弟思礼系火箭控制专家、中科院院士；叔父启勋治词学，启雄治诸子，亦各有成。则梁氏一门彬彬，何其盛哉。

地捷星花项虎龚旺——张荫麟

张荫麟（1905—1942），自署素痴；广东东莞人。

张氏未出茅庐已头角峥嵘，与夏鼐、钱锺书、吴晗合称清华文学院四才子，又与同样出身清华的贺麟并称“二麟”。其中张、吴皆治史学，皆少年英发，而张中年夭折，吴半路从政，其学俱未大成；二氏各有专长，张方面更多，气象更大，故梁山点将，舍吴而取张。以其著作早成，捷才无匹，故置诸地捷星一席。

张氏1922年考入清华学校，在校时已勤于著述，深得梁启超赏识，当面称他“有作学者的资格”；毕业后藉公费留美，入斯坦福大学攻读哲学及社会学，不待五年期满即返国，故未获博士学位。当时陈寅恪向傅斯年荐之云：“张君为清华近年学生品学俱佳者中之第一人，弟尝谓庚子赔款之成绩，或即在此人之身也……其人记诵博洽而思想有条理，若以之担任中国通史课，恐现今无更较渠适宜之人。若史语所能罗致之，则必为将来最有希望之人材，弟敢书具保证者，盖不同寻常介绍友人之类也。”可谓推许备至矣。

张氏论学多方，而以史学为归，留学时致友人张其昀函有谓：“国史为弟志业，年来治哲学治社会学，无非为此种工作之预备。从哲学冀得超放之博观与方法之自觉。从社会学冀明人事之理法。”而其最重要的成就，乃在两方面：一为科技史，如《明清之际西学输入中国考略》《纪元后二世纪间我国第一位大科学家——张衡》《宋卢道隆吴德仁记里鼓书之造法》《〈九章〉及两汉之数学》《中国历史上之“奇器”及其作者》《沈括编年事辑》《燕肃著作事迹考》；一为宋史，如《南宋亡国史补》《宋初四川王小波李顺之乱（一失败之均产运动）》《宋太祖誓碑及政事堂刻石考》《宋太宗继统考实》。凡此在当日多属开拓性的选题。其次复有两方面：一为思想史，包括就老子年代问题对梁启超的辩驳，就中国哲学史问题对冯友兰的评论，于朱熹的太极说、王阳明的知行说、洪亮吉的人口论亦各有评述；一为古史，包括对顾颉刚古史方法与见解的质疑，对《古文尚书》真伪问题的评议。其余散论尚多，论哲学论政治，评人物评图书，新旧中西，无不涉猎。今人所编《张荫麟文集》《素痴集》不过辑其要目，尚未完备。

此外，更有通史《中国史纲》（又名《东汉前中国史纲》《中国史纲[上古篇]》）一种，虽意在普及，篇幅无多，然高屋建瓴，突出关节，加之析论精简，文笔流动，实为平生学力精神的融贯，宜乎一纸流传，而誉者如云。

地会星神算子蒋敬——梁方仲

梁方仲（1908—1970），原名嘉官，字方仲，以字行；广东番禺人。

五十年代以来，由于所谓“资本主义萌芽”问题的刺激，明代经济史颇成显学。而大陆专攻此道者，当推梁方仲、傅衣凌为一代宗匠。傅氏重视罕见史料的挖掘，在经济史领域原可与同时代的梁方仲、全汉昇鼎足而三，惜过于迎合唯物史观教条，以抽象概念扭曲史实，一旦时过境迁，其论说价值即损之又损；相比之下，梁氏始终以实存的经济制度为研究对象，实事求是，不离正轨，当日声光虽觉稍逊，然其著作却不随学术时尚的变迁而有所磨损，所谓“易简工夫终久大”也。

梁氏治学有整体眼光，但尤擅抓紧要点，一开始即走专精路线。其研究经济史，以明代为重心；研究明代经济，以田赋为重心；研究明代田赋，又以一条鞭法为重心。他1933年毕业于清华研究院，进入陶孟和主持的中研院社会科学研究所，二十八岁时发表长文《一条鞭法》，论证周到，眼光明晰，指出嘉靖万历年间始行的一条鞭法，使自古以来的实物缴纳一变而为白银缴纳，“为田赋史上一绝大枢纽”，甚至是“现代田赋制度的开始”，遂一举奠定其学术地位，并赢得国际声望。

此后，他陆续有《明代江西一条鞭法推行之经过》《释一条鞭法》《明代一条鞭法的论战》及《明代一条鞭法年表》等八篇文章，皆属一条鞭法问题的深化；其他不少论述，亦与此问题相关联，如关于一条鞭法制定以前的赋役制度，有《明代黄册考》《论明代里甲法与均徭法的关系》；关于一条鞭法实施的货币环境，有《云南银矿之史的考察》《明代银矿考》《明代国际贸易与银的输出入》；关于一条鞭法执行的具体方式，有《易知由单的起源》《易知由单的研究》。此外，考述明代鱼鳞图册、两税、户帖、十段锦法等种种名目，分析“东南田赋之重”的历史背景，综论历代度量衡，亦各有可观；而根据德人吞伦（Thüne）的农业区位论阐释田赋运输，则为运用西方理论治中国经济史的成功尝试。

另有专著二种：一为《明代粮长制度》，属于窄而深的专题研究，大量引用方志史料，辩证明代此特殊制度的源流及变异，堪称厚积薄发之作；一为《中国历代户口、田地、田赋统计》，则系范围广被的史学工具书，综合西汉至清末的历史数据，分门别类，杂以考订，功用无双，功德无量，为历史计量研究的空前巨著。其人治史能作“数目字管理”，学林咸推独步，则掌管梁山泊钱粮出纳的神算子之位，自不作第二人想。

梁氏与吴晗交谊深厚，“文革”时表示“愿以名义和生命保证吴晗绝无政治问题”，终横受迫害，因患肝癌而逝。身后论文曾辑为《梁方仲经济史论文集》及《补编》《集遗》三种，近时更收拾未刊的草稿、讲义、笔记，连同所有专著，重编为《梁方仲文集》八册，一生心血，尽萃于斯矣。

梁氏胞弟嘉彬，年二十七岁即出版专著《广东十三行考》，亦现代经济史学的经典。梁氏兄弟为清代十三行天宝行行商后人，其治经济史，不亦宜乎？尤其以十三行后代的身份治十三行史，不可谓得人乎？

地僻星打虎将李忠——戴裔煊

戴裔煊（1908—1988），广东阳江人。

时人论娱乐明星，每有偶像派与实力派之别，而学人亦然：前辈如陈寅恪、胡适，今人如余英时、张五常，皆能兼偶像、实力于一身；如沈曾植，如章太炎、黄侃师徒，如饶宗颐，则近乎偶像派；如洪业、齐思和、严耕望则可当实力派，而戴氏亦其列也。

戴氏1929年由中山大学预科升入本科历史系，受知于朱希祖、沈刚伯、朱谦之诸名师，毕业后复入中大研究院深造。因其家乡有双恩盐场，可上溯至宋代，戴氏由此触发，费数年心力，征引官私文献二百余种，撰成《宋代钞盐制度研究》一书以充硕士论文。钞盐制乃两宋一大要政，为国家财政收入之所系，而此书“试用民族学家提倡的纵横两面探究途径”，阐明钞盐制在社会经济中的作用与影响，既博且精，论者誉为“是一部闪烁着学术光辉的卓越论著”。

稍后戴氏追随黄文山，赴重庆任中山文化教育馆研究员，转而用力于西方民族学。其间著有《民族学史》，身后易名为《西方民族学史》出版，虽仅述评之作，而内容充实，条理明晰，至今在域内仍不可多得。他更凭藉民族学中文化历史学派的眼光，考掘境内民族史，接连完成《僚族研究》《干兰——西南中国原始住宅的研究》《棉种棉织流传入中国与西南民族的关系》三篇长文，皆视野开阔，史料扎实，可谓平生最特出的著作。尤其《干兰》一篇，详尽梳理“东南亚洲栅居文化”的源流与传布，在本土学界更属稀有，在论题上，已居凌纯声的“海洋民族学”之先；在方法上，又居汪宁生的“民族考古学”之先矣。

抗战后他由渝返穗，自五十年代院校调整，即一直任教于中大历史系。此后他研究的重心，主要在中外关系史，如《宋代三佛齐修广州天庆观碑记考释》，据碑铭证史，阐释宋代与东南亚的贸易往来；如《中国铁器和冶铁技术的西传》《中国历史上对石油与天然气的认识利用及其与西方的关系》，亦着眼于技术文明的中西交流；如专刊《明代嘉隆间的倭寇海盗与中国资本主义的萌芽》，澄清“倭寇”问题的真相，突出其经济史及贸易史的意义，亦为眼光独到的力作。而在中外关系史范围内，又特别致力于澳门史方面，如论文《关于澳门历史上所谓赶走海盗问题》《关于葡人入据澳门的年代问题》，专著《〈明史·佛郎机传〉笺正》，皆为考订细密的奠基性论著。凡此所作，在选题和论说上虽不免迎合世风，突出马克思主义或反帝爱国主义的色彩，然积力深厚，学风不坠，纵时移世异，终不失其专业价值。

按：明代以来，西力东渐的过程可分三阶段，而各以一邻海城市为中心：明清为澳门，晚清为香港，民国为上海。故澳门虽弹丸之地，实为东西方交汇的前沿，亦代表中国近代史的序幕，攸关中外贸易史、宗教史及文化史，学术内涵实甚丰富。而当澳门史在大陆尚近乎禁区之时，戴氏不计著作能否发表，奋力而为，堪称当代学术史上的“预流”者。

戴氏与陈寅恪长期共事，自居于弟子辈，而陈亦重之。戴曾为《元白诗笺证稿》补充史料一则，陈后来特别说明：“此条乃戴裔煊先生举以见告者。《论语·子罕》篇云：‘后生可畏，焉知来者之不如今也。四十五十而无闻焉，斯亦不足畏也已。’圣人之言，岂不信哉！”又，据说1956年教授定级时，陈评戴氏云：“三级有余，二级亦可。”今日视之，陈氏此评似仍嫌保守，然试看同系的梁方仲，与戴年岁相同而成名在先，以一代经济史大家，亦不过二级教授而已。则寒柳堂眼中之二级教授，固可敌今之“国学大师”矣。

地轴星轰天雷凌振——全汉昇

全汉昇（1912—2001），广东顺德人。

国人治中国经济史，以陶希圣开风气之先，而大刀阔斧，粗具规模而已；三十年代后，乃有梁方仲、全汉昇相携而起，各有专攻，始臻精密。梁、全二氏皆以粤人而治经济史，梁考证精细过于全，全气象广大过于梁，而同行相惜，互为砥砺。1949年之后，全氏流寓海外，治学条件较优，著述亦较梁氏为多。

全氏就读北大历史系时，已屡在陶希圣主持的《食货》杂志发表社会史论文，并刊布专著《中国行会制度史》；毕业后得入中研院史语所，傅斯年鼓励他专治经济史，在学问上遂定其终身。

全氏早年关注的时代，大致在宋元以前。关于货币及物价，始撰《中古自然经济》，综考魏晋至唐代中叶的货币演变，随后分别考述唐、宋、元历朝的物价或纸币，顺流而下，颇有纵向的连贯性。关于商业贸易，则特别着重处于枢纽地位的大都会，于运河沿岸的汴梁、扬州及杭州，于交通中外的广州，各有专论，则又可见其横向的系统性。此外，《唐宋帝国与运河》专刊一种，更是他平生最特出的力作。

按：中古以降，中国在地理上渐成政治重心在北、经济重心在南之势，而运河联通南北，弥合政治与经济的失衡，实为统一帝国的生命线。全氏拈出此题，全力以赴，尽管在解释上不无偏向，仅强调运河影响帝国政治的一面，然引证详博而论辨简明，不失为第一流的历史专题研究。故杨联陞评为“精心结撰的著作”，“虽不能说‘石破天惊’，确无愧为‘颠扑不破’”；其弟子王业键甚至称为“千古不刊之作”。

全氏四十年代得机赴美进修，多购读西洋经济史著作，尤其J.U.Nef

The Rise of the British Coal Industry 一书，分析英国煤矿业兴起的技术与经济背景，以及煤矿、钢铁产业对于资本主义增长的关系，对他启发尤大。同时，在现实经验中亦深受日、美物质文明的刺激，遂促使他思考中国工业化何以迟缓的缘由，并转向近代工业史的研讨。如《甲午战争以前的中国工业化运动》《近代中国的工业化》及《清季的货币问题及其对于工业化的影响》，可代表其宏观认识；如论汉阳铁厂、江南制造局、汉冶萍公司、商办铁路，以及《山西煤矿资源与近代中国工业化的关系》《上海在近代中国工业化中地位》之类，则代表其个案或局部考察。

另一方面，他对货币及物价问题始终兴趣不减，惟所关注的时代下延至明清时期。其最突出的贡献，一为美洲白银输入的考述，一为清代物价的总结，与早期所著合而观之，已形成近代以前千余年金融史的轮廓。其中《美洲白银与十八世纪中国物价革命的关系》《明清间美洲白银的输入中国》及《美洲白银与明清经济》等相关论文超过二十篇，再三强调白银输入对于清代物价上涨及经济繁荣的关键性影响，尤为关系全局的一大论断。

全氏的治学特色，大抵在善于选题，博于引证，其弟子何汉威总结为四点：发掘新问题及新领域、尽力扩张史料范围、吸取西方经济学观念、重视材料量化。其一生论著，以论文为多，先后汇编为《中国经济史论丛》《中国经济史研究》及《中国近代经济史论丛》，内容虽不无重复之处，但论范围的广阔、成绩的繁富，宜可谓中国经济史领域的第一人。

全氏在史语所资历甚深，更曾代理（台）中研院总干事；在海内外享誉亦高，严耕望谓早期中国经济史学仅全氏可与日人相抗衡，杨联陞亦推之为经济史坛祭酒。但他迟至1984年才当选中研院院士，此或因史语所重上古而轻近世，重史料考订而轻社会科学，经济史固非其学问之嫡系耶？

地威星百胜将韩滔——饶宗颐

饶宗颐（1917—），字固庵，又字伯濂、伯子，号选堂；广东潮安人。

晚近名儒，有所谓“北钱（锺书）南饶（宗颐）”之目，恰如《天龙八部》“北乔峰、南慕容”之双雄并峙。单纯以博学而论，则二氏不仅为当代冠冕，亦已达至二十世纪的巅峰。但同为博学，钱、饶取向却颇相背反：钱氏之博为收敛式，如万川印月，取资虽遍及古今中西，而终不离“谈艺”的宗旨；饶氏之博则为发散式，如天女散花，凡古典学问的领域，尤其是近百年新出文献，几无不有所沾染。

饶氏所有著述，季羡林、姜伯勤曾分为敦煌学、甲骨学、词学、史学、目录学、楚辞学、考古与金石学、书画学凡八大类。至近时所刊《饶宗颐二十世纪学术文集》二十巨册，更别为十三类：史溯，有《神话传说与比较古史学》；甲骨，有《殷代贞卜人物》《甲骨集林》；简帛，有《简帛文薮》《长沙楚帛书研究》《睡虎地秦简日书研究》；经术礼乐，有《经学昌言》《古乐散论》《随县曾侯乙墓钟磬铭辞研究》；宗教，有《道教探原》《佛教渊源论》《老子想尔注校证》《悉昙学诸论》；史学，有《国史上之正统论》《南方民族学论丛》《九龙与宋季史料》；中外关系史，有《中外关系史论集》《新加坡古事记》《星马华文碑刻系年》；敦煌学，有《敦煌学散论》《敦煌白画》《敦煌曲》；潮州学，有《潮州艺文志》《潮汕地方史论集》；目录，有《词集考》；文学，有《楚辞论丛》《楚辞地理考》《选堂赋话》；诗词，有《诗学论集》《词学论集》；艺术，有《画学丛论》《画𩏊新编》。此外尚有专题论集《符号·初文与字母——汉字树》《饶宗颐新出土文献论证》（沈建华编）。他自评：“当代学术之显学，以甲骨、简帛、敦煌研究三者成就最高，收获丰富，影响至为深远，余皆有幸参与其事。他若楚辞与楚学之恢弘滋大，而垂绝复兴之赋学与文选学，余皆曾致力，不无推动之绩。至余所开拓之新业，如潮学，比较史前文字学与悉昙之学，则亦薄著微劳。”其无往不胜，万象皆备，虽博极群书如沈曾植、章太炎、王国维、陈寅恪等前辈，亦不足以比肩，故拟之为百胜将。

不惟如是，饶氏非仅学人，且为文人，于旧体诗词文赋，无所不擅；又非仅文人，且为艺人，于书法、国画、古琴，亦无所不通。如此全才，可比《倚天屠龙记》中琴棋剑三绝的“昆仑三圣何足道”，世纪学林，一人而已。

按：饶氏自号选堂，似有意与甲骨学史上的罗雪堂（振玉）、王观堂（国维）、董彦堂（作宾）、郭鼎堂（沫若）此“四堂”分庭抗礼；其早年史学论集题为《选堂集林·史林》，更有追攀《观堂集林·史林》的意味；又曾引日人的说法称“二十世纪上半叶的人物是‘观堂’，下半叶是我的‘选堂’”。

地狂星独火星孔亮——张五常

张五常（1935—），生于香港。

经济学为现代西洋学术帝国中最为强势的学科，近百年来，国人西游取经者甚多，然多偏于新知引入及现实应用方面；真能于纯学理有原创性贡献，且身为欧美学界主流者，实寥寥无几，而张氏即个中声光最盛者也。

张氏六十年代先就读于洛杉矶加州大学，师从艾智仁（阿尔奇安）等名师，获硕士、博士学位；随后至芝加哥大学攻读博士后，深受科斯理论的影响，遂定其学术宗旨。他后来感慨：“在经济学的历史上，似乎只有两个年代，两个地方，有那样热闹的思想‘训练’所。其一是三十年代的伦敦经济学院，其二是六十年代的芝大。我于六七至六九年在芝大，能身临其境地躬逢其盛，算是不枉此生。”芝大为经济学的龙门，张氏有缘一登龙门，遂鱼化为龙矣。

张氏的专业论著少而精，多成于八十年代以前，尤其是他执教美国时。其博士论文《佃农理论：应用于亚洲的农业和台湾的土地改革》运用产权制度及交易成本理论，剖析台湾五十年代的农业资料，推倒旧义，一鸣惊人，为现代合约经济学的开山，也是新制度经济学的经典之作。散篇著作多见于《经济解释——张五常经济论文选》，如《合约结构和非专有资源理论》《价格管制理论》《玫瑰盆球赛与香港剧院：座位定价经济学》皆饶有新意，《蜜蜂的寓言：一项经济调查》《企业的合约性质》尤为精到，分别以渔场、剧院票价、座位票价、蜜蜂养殖及件工合约等特殊经济现象为依据，由实证分析入手以求理论突破；至于

《子女和婚姻合约中的产权执行问题》《经济组织及交易成本》及《共有产权》诸篇，则更藉合约理论以解释家庭制度与共产主义之类超经济问题，欲单凭一个产权通吃天下，虽不无启发处，但终沦于片面生硬。

张氏1981年应英国经济事务研究所之邀，完成专题报告《中国会走向“资本主义”道路吗？》，将新制度经济学运用于中国现实，自产权学说立场，预言中国将走向私有化之路。其后他返港任教，一则从此远离美国的知识语境，一则得以近观大陆的经济实况，乃渐由学院经济学转向应用经济学，大雅不作，而以经世济时的《卖桔者言》《中国的前途》及《再论中国》名动一世。他所挟持的产权理论在西方学界正处方兴未艾之势，此时又正切合大陆经济改革的思想需求，推波助澜，际会一时，遂成就其作为变革时代“意外的英雄”之盛名。

老来复著《经济解释》，分《科学说需求》《供应的行为》《制度的选择》三卷，为一生学思的总结，然精力减退，似有归于平淡之感。

张氏以专家身份撰写报章文字，而能恣意挥洒，明白晓畅；藉其历练与资格，更能跳出主流学界的围城，论学每有会心见道语，其名篇《学术上的老人与海》云：“我是为过瘾而搞学术的。与自己的钓鱼兴趣一样，博大不取小。有等于无的学术文章，不写算了。所以从研究生开始写论文时，我就不自量力地去博大文。博了三十多年，半条像《老人与海》的巨鱼也钓不到，虽然有几斤重的石斑总算钓过六七尾。”虽甚自负，亦是经验之谈。

张氏平素言辞，开口弗里德曼，闭口科斯，言必称芝大，似目无余子，久负狂生之名。自述偶见报章有“香江第一健笔独领”语，当时的反应是：“我对自己说：我可没有发这广告……”则其内心固以“香江第一健笔”自居矣。拟之为地狂星，岂非顺理成章？然其狂为嫉俗之狂，虽狂而不妄，终是性情中人也。

（选自《现代学林点将录》，广东人民出版社2010年版，有删节）

肆

化风成俗　因俗为新

中华古风与岭海新风

岭南由于山川阻隔，僻远天际，中原王朝，往往羁縻系之。但这羁縻之地，却在中原大地一次次动荡之中，随着一批批衣冠南迁，成为中原文明的托庇之地，中华古风，赖以传承。如清人洪亮吉所谓：“尚得昔贤雄直气，岭南犹似胜江南。”

岭外入中国，是岭南人的家国理想。但岭南人不断强调其区域特质，其实是在不断强化其国家认同，并努力以其异质的岭海新风，融汇中华古风。这更需要坚守与坚持——坚守自己的特质，坚持自己的努力。这种坚持，前有唐张九龄，后有宋崔与之——“八辞参知政事，十三辞右丞相”，文天祥惊为天人，天人“不可作已，愿见文溪”，其“高风全节，可以兴起百世”。入明，私淑崔氏的陈白沙以其自得之旨，横空出世，导夫阳明先路，引领寰中；霍韬、梁储、方献夫等岭南名宦并有崔氏之风。沾溉泽被，渊远流长。如陈恭尹所谓：“百川东注，粤海独南其波；万木秋飞，岭树不凋其叶……自抒声情，不与时为俯仰也。”

不与时俯仰的广东人，在新的时代里，通过西学东渐，进而西俗东渐，进一步开出革命性的时代新风，引领近现代的历史潮流。故徐珂说：“凡掀动天地之事，若戊戌维新，若辛亥革命，莫不藉粤人之力以成。”中华文明，也多藉粤人以新。苟日新，日日新。岭海新风，咸与维新。

岭南师魂

屈大均

屈大均（1630—1696），字翁山，号莱圃，广东番禺人。明末清初著名学者、诗人，与陈恭尹、梁佩兰并称“岭南三大家”。主要著作有《翁山诗外》《翁山文外》《翁山易外》《广东新语》及《四朝成仁录》等传世。

崔清献公（与之，号菊坡）八辞参知政事，十三辞右丞相，家大西书其集云：“东海北海天下老，亦有尽归西伯时。白麻不能起南海，千载一人非公谁！”文文山（文天祥）云：“菊坡天人，文溪（李昂英），菊坡样人，菊坡不可作已，愿见文溪。”文溪云：“唐贤相起炎方者三，曰韶之张，曰日南之姜，最后得刘瞻于湟，然皆奇拔于支郡。筦府以广名甚大，山伟海巨，秀灵鸠凝，又迟三四百载，菊坡翁始名在白麻卧龙蒲涧之阿，勤天使走半万里莫能致。古未命之相不屑者，高风全节，可以兴起百世矣。”白沙尝迎清献画像于家，隅坐瞻仰，若子之于师者。久之为文以祭，有云：“卷舒太空之云，表里秋潭之月，淮蜀委之而有余，凝丞尊之而不屑，故能效力于当年，而全身于晚节。”又有句云：“万里归心长短赋，九天辞表十三陈。”盖实录也。吾广辞相位者，清献而后，有若霍公文敏（韬）。而梁文康公（储）迎世宗入继大统，宠眷方隆，乞归益笃，世宗以为兼有张九龄之忠荩，崔与之之风概。若文襄方公（献夫），年甫四十，即解相归卧西樵，是皆急流勇退之哲人也。泰泉（黄佐）云：“吾广带海陆为郡，山奥川豁，古称珍饶，于卷握若别出堪舆然，故其民素乐清旷而恬仕进。噫嘻！岂清献之流风所被欤！”

明兴，白沙氏起，以濂洛之学为宗，于是东粤理学大昌。说者谓孔门以孟氏为见知，周先生则闻而知之者，程伯子周之见知，白沙则周之闻而知之者。孔孟之学在濂溪，而濂溪之学在白沙，非仅一邦之幸。其言是也。

白沙之于吴聘君也，为之执役数月，而不敢请益一言。其后贺黄门钦于白沙亦然。既别为白沙像事之，出告反面。周布政使于白沙，迎至藩堂，使之南面坐，受拜咨问以风一方，而丁知县积者，初至新会未视篆，即上谒白沙，事以师礼，凡有所闻，行之惟恐不及。姜进士麟者，始见白沙，则曰：“吾阅人多矣，如陈先生者，耳目口鼻，人也，所以视听言动者，殆非人也。”人问之，辄曰“活孟子！活孟子！”云。嘉鱼李世卿，三至白沙，其始也居七越月，继也一岁，又继则居二岁矣。当是时，师弟子相与登高望远，追云逐月，赋诗饮酒以为欢，至于何物而为道，何物而为学，其师不言，曰：“吾以待世卿之自得也。”弟子亦不问，曰：“吾亦待吾自得之也。”而白沙亦尝言曰：“吾与世卿朝夕无所不言，所未言者，此心通塞往来之机，生生化化之妙，非见闻之所及者，将以待世卿深思而自得之，非敢有爱于言也。”此白沙深于爱世卿者也。湛文简（若水）初至白沙，斋戒三日而后敢求教。举于乡，即焚路引。从白沙十有三年，既得其旨，乃出而求仕，然犹一举足不敢忘师，所至辄为书院以奉之。又以白沙爱慕罗浮，向未能至，乃于黄龙洞为祠，以濂溪、豫章、延平与白沙并祀。又于衡山为岳麓精舍，专祀白沙。其后文简没，门人因以配享。论者谓文简此举，以高明广大之地，处其师而即以之自处，盖真善于为学者也。而庞弼唐者，于甘泉没，场居天蚕者三年，守天关讲席廿余年，朝夕瞻拜不倦。他若钟景星、郭肇乾、陈谟三公，则皆弃舍举业，从文简燕京，服勤数载而后归。冼进士桂奇者，初分司冬官，即上疏求南，以从文简于南雍。

白沙先生尝戴玉台巾，扶青玉杖，插花帽檐，往来山水之间，其风流潇洒，幽然自得，身在万物之中，而心出万物之外，斯乃造化之徒，可以神遇而不可以形迹窥者，所谓古之狂者非耶？王青萝云：“白沙之学，从孔颜之乐而得。”然乐有虚实，颜子之乐实，曾点之乐虚，白沙其得颜子之实者耶？白沙初应聘至广，车由城南至藩台，观者数千万人，图其貌者以百数十计，市井妇孺，皆称为陈道统，其感人若是。

白沙先生之没，甘泉翁（湛若水）曰：“道义之师，成我者与生我者等。”为之制斩衰之服，庐墓三年，不入室，如丧父。然其告词有曰：“成吾之身，孰与尽吾之性；教育之恩，何异生养之劳。”在礼经则师无服之文，在义起则例有缘情之制。昔者孔子没，门人有三年之丧，大抵礼缘情行，例以义起，亦天地之大经，古今之通义云。

甘泉讲学天关，有简翁者，年百有三岁，就而问学，将执弟子之礼。甘泉弗受也，延翁忠爱堂上南向坐，己东向坐以宾之，谓是翁容貌凝然，所养纯一，赤子之心已复，吾当师而事之。时甘泉年八十有五，观者谓其以三达之尊，而谦让不遑，致礼布衣一老，诚为有道者之风云。昔有黎养真瑞鸾者，年八十二；黄慎斋民准者，年八十一；吴藤川纯年八十，皆游甘泉门下，甘泉称为三皓。有歌云：“养真慎斋与藤川，三皓同时及我门。”而袁教授邮者，年七十余，与慎斋同注甘泉《心性图》书，一堂之上，师弟子皆庞眉鹤发，太古衣冠，好事者因与简翁合绘为图，称曰师弟六皓。

甘泉翁官至上卿，服食约素，推所有余以给家人子弟，小宗、大宗有义田，有合食田，相从士二千九百有余，于沙贝乡，则有甘泉、独冈、莲洞馆谷，于增城、龙门，则有明诚、龙潭馆谷，于会城，则有天关、小禺、白云、上塘、蒲涧馆谷，于西樵，则有大科、云谷、天阶馆谷，罗浮则有朱明、青霞、天华馆谷，曲江则有帽峰，英德则有清溪、灵泉馆谷，南都则有新泉、同人、惠化馆谷，溧阳则有张公洞口、甘泉馆谷，扬州则有城外行茳、甘泉山馆谷，池州则有九华山、中华馆谷，在徽州则有福山、斗山馆谷，武夷山则有六曲仙掌、一曲王湛会讲馆谷，南岳则有紫云馆谷，平生以兴学养贤为任，所至之地，感有精舍赡田，以便来学，故所造就士，皆有得于先生之学，以淑其身，以惠诸人。孟氏以得天下英才而教育为乐，如先生者，可谓得其所乐也已。吾人为孔孟之徒，贵而有位，当以先生为法。

（综录自《广东新语》，中华书局1985年版，标题为编者所加）

广州音说

陈　澧

陈澧（1810—1882），字兰甫，广东番禺人，世称东塾先生。先后任学海堂学长、菊坡精舍山长，为岭南一代文宗，张之洞对其有“庶几从此东塾学派流衍中原”之誉。主要著作有《东塾读书记》《汉儒通义》《声律通考》等。

广州方音合于隋韵书切语，为他方所不及者，约有数端。余广州人也，请略言之。平上去入四声，各有一清一浊，他方之音，多不能分上去入之清浊。如平声“邕”“容”，一清一浊，处处能分；上声“拥”“勇”，去声“雍”“用”，入声“郁”“育”，亦皆一清一浊，则多不能分者。而广音四声，皆分清浊，截然不溷，其善一也……故读古书切语，了然无疑也。余考古韵书切语有年，而知广州方音之善，故特举而论之，非自私其乡也。他方之人，宦游广州者甚多，能为广州语者亦不少，试取古韵书切语核之，则知余言之不谬也。朱子云：“四方声音多讹，却是广中人说得声音尚好。”（《语类》一百三十八）此论自朱子发之，又非余今日之创论也。至广中人声音之所以善者，盖千余年来中原之人徙居广中，今之广音实隋唐时中原之音，故以隋唐韵书切语核之，而密合如此也。请以质之海内审音者。

（选自《东塾集》，上海古籍出版社2008年版，有删节）

粤人奇性二则

徐　珂

徐珂（1869—1928），原名昌，字仲可，浙江杭县（今杭州市）人。晚晴举人，民国名士。曾任袁世凯幕僚、南社社员，商务印书馆、《外交报》《东方杂志》编辑，主要著作有《清稗类钞》《历代白话诗选》《古今词选集评》等。

一、粤多人材

吾好粤之歌曲，吾嗜粤之点心。而粤人之能轻财，能合群，能冒险，能致富，亦未尝不心悦诚服，而叹其特性也。粤多人材，吾国之革命实赖之。丙寅北伐军起，自广州首途，越一年为丁卯之冬，广州人民，乃备受焚掠屠戮之祸，甚于湘鄂豫章，苍苍者天，其谓之何。

二、粤人财力之雄

先施公司之月饼，有一枚须银币四百元者，冠生园亦有之，则百元，惟角黍有一枚须银币五元者。先施冠生之资本，粤人为多，购月饼、角黍者，亦大率为粤人，否则且骇怪且咨嗟。珂谓此固足以见粤人财力之雄，丰于自奉，然就在粤之粤人，未为他方所同化者觇之，其待人亦厚生则资以财，死则葬以地，慷慨性成，非尽由势力而然，且有激于人言，倾其私囊者。故凡掀动天地之事，若戊戌维新，若辛亥革命，莫不藉粤人之力以成，吾浙甬人，且瞠乎其后，而况其他。

（选自《康居笔记汇函》，山西古籍出版社1997年版）

清末民初广东商人群体生平学研究

何佩然

何佩然，香港中文大学历史系教授，曾任经济合作与发展组织（OECD）研究顾问，主要著作有《地换山移——香港海港及土地发展一百六十年》《风云可测——香港天文台与社会的变迁》《点滴话当年——香港供水一百五十年》等。

自19世纪中期，中国沿海城市所产生的急剧转变，一直被认为是研究中国社会从传统过渡到现代的窍门。在转变的过程中，沿海地区的核心人物、社会组织的特性，更成为观察清末民初地方社会结构演变的关键，同时也是近年来中外学者所关注的课题。

对外开放为华南地区所带来的发展，较主要的当推商人阶级地位的转变。他们在地方社会的地位日益重要，无论在经济上、社会上抑或政治上，他们都扮演了重要角色。为要了解商人阶级在近代中国民间社会结构转变的特质，本文尝试以一群广东地区的商人作研究基础，藉以探索20世纪华南地区商人阶级兴起的特色。

本文采用群体生平学作为研究方法。所谓群体生平学，是指对一特定社群生平背景资料的综合分析，在欧洲其对罗马、英国及法国的社会精英研究，都显示了丰硕的成果。1985年，本人与数位法国学者对民国时期的上海社会精英进行初步考察，发现这方法不但排除了个人主观成分，尤其是思想上的判断，同时十分适合应用于讲求群体团结力量的中国社会的研究。有鉴于此，本文再以此法对清末期间广东66位工业家、企业家的生平背景作深入的综合分析，希望能透过这一班社会新兴阶级的背景资料，包括他们的年龄、籍贯、教育背景、家庭背景、职业、社会活动、政治活动等资料，观察他们之间相异及共通之处，从而认识有关商人群体兴起的原动力，进而为地方社会结构演变的研究提供一些线索。

一、商人的背景

根据资料显示，广东省的企业家大多来自珠江三角洲（53/66）。其中以香山县最多（16/66），其次则为南海（10/66），台山则占8/66，其余的19/66分布于新会、顺德。珠江三角洲为广东省交通运输要道，土地肥沃，可耕地面积较广东省其他地方高，明清以来，为经济贸易重镇，是出产华侨最多的地方。除了珠江三角洲为商人主要发源地以外，广东省的东部潮州、潮安、梅县一带亦为广东大企业家的另一主要原居处，占10/66。

被研究广东商人的出生年份，大部分集中于1861—1880之间（42/66），在1911年辛亥革命爆发时，50岁以下者（54/66）占绝大多数，足见1911年40岁左右者，在辛亥革命期间最具有代表性，从他们的年龄，我们可知这群商人大多数生于洋务运动时期国家急需改革，外交上又处于内忧外患的年代，受到动荡政局所影响，他们接受正规教育的机会不多，而沿海地区的商人纷纷出外谋生，图谋发展……被研究者能读上大专院校的人只占极少数，根据可知的资料只有3人能完成他们的大学教育。总括来说，广东商人的教育基础十分薄弱，而且教育程度十分参差，并不能构成一个较强的关系网络，由于没经过长时期的专业训练，可推想他们日后在社会上的成就，大多是凭着个人聪明才智与勤奋耐劳，努力得来的成果……就可知的资料来看，被研究对象大多出身中下阶层家庭，生活较贫苦，从不少文字上记述得知，在辛亥革命年间的所谓成功人士，不但出身贫苦家庭，而且生长于乱世。有关这群被研究者离开原居地、出外谋生的资料，有迹可寻者有25名商人，他们大多因家贫而离乡往外谋生，而出外谋生年龄都在12—19岁，他们往外地所从事的工作，大多是出卖劳力的苦工，在艰苦的生活环境中，除要维持生计，还需省吃俭用积聚微薄财富，接济乡间亲人。

清末商人大多早年在异地谋生，有些能利用本身的勤劳和才干在外洋发迹，有些则在回国后，利用他们在外的经验，在中国大展拳脚，发展他们的事业。他们的外国经验以南洋人数最多，约占有10/66，澳洲次之为8/66，美国则较澳洲更为次要，占4/66。南洋为放洋的主要目的地，因南洋距离中国华南沿海较近，旅费较便宜，在交通并不十分发达的年代，长途旅程在欠缺经济支持下很难实现，且距离中国太远的国家，文化、风习均极不相同，华人十分难适应。商人出国谋生最初都投靠亲属，他们在外国共同奋斗，共同经营生意所建立的社会网络，成为他日回国发展团结力量的重要基础。

在经历一番奋斗后及积聚一定的财富后，这批商人回国发展他们的业务，投资地点仍以沿海地区，尤其是华南沿海为主。根据统计只有2/22单选择上海作为投资地点，其余20/22均以华南地区如香港、广州、台山、潮汕为主要投资地。选择华南及上海同时作投资地点者占9/22。说明了原籍于华南地区的商人仍喜以原乡为事业发展基地，进而向其他大城市如上海等发展。这些华侨对带动华南地区经济发展，有十分积极的作用。

根据选取商人的背景资料，我们可以得到以下结论，主要来自珠江三角洲的广东商人，大多家境贫困，早年的生活相当艰苦，虽然没有学识，但因少年时期已出外谋生，所以有很丰富的人生经验。在艰苦的环境之下，争取到发展的机会。在政治动荡、经济急需发展的年代，商人得到很多致富的机会，因此中年左右，商人已在商界取得一定地位。

商人拥有经济实力之后，少数人会直接向政途发展，但人都在社会上担任重要角色，他们在社会发展的模式都很接近，雄厚经济力量多导致他们投向教育及慈善事业，如社会福利、医疗服务等，在社会上拥有一定的名誉后，他们会进而扩充他们在经济上的实力，然后染指政界，他们对近代社会经济的影响，可以透过他们内凝力量的形成及社会活动特色，而略知一二。

二、商人内聚力量的形成

我们研究的广东商人，出身及年青时的工作经验都是很不相同的，他们之间凝聚力量的产生主要是基于大家在事业方面相同的目标、共同的利益。以下仅就一些个别例子分析他们内凝力量形成的特色。

1. 血缘关系

在传统的中国社会，团体的存在，往往有巩固个人实力，排斥他人的力量。在商人阶级中，血缘关系是小团体形成的基础，我们研究对象中，属于同一家庭的成员的例子有很多，由家庭成员组成的小团体，内凝力量本来就很强，而其中又以省外华侨家庭的团结力量最为突出，以血缘关系建立的团结力量，及同辈兄弟互相提携的例子最普遍，如永安公司郭家六兄弟，南洋兄弟烟草公司简家三兄弟，经营丝业为主的陈氏两兄弟陈廉伯、陈廉仲，大新百货公司的蔡氏兄弟，南洋的华侨张煜南、张鸿南两兄弟，先施公司的马氏兄弟，以兄弟关系为基础的血缘网络，可向上下伸延至父辈或子辈。不同辈份互相照应的例子亦不少，以父子、叔侄组成的企业就有陈永锡与陈若愚的父子关系企业，郭泉、郭琳爽、郭琳褒父子关系的永安企业，简铭石与简照南、简玉阶、简英甫的叔侄关系组成的南洋兄弟烟草公司等，都是以血缘关系为基础的团体。这些父子、叔侄兄弟关系建立的企业，彼此内部分工合作，使家庭企业规模愈来愈大。

以血缘关系为基础所组成的团体，因团员的基本先决条件是有相同的血缘关系，内凝力十分牢固，其他人很难加入。当面对经济危机或商业竞争的时候，排他作用会特别强。因此家族愈庞大，企业发展规模愈容易扩大。在二十世纪下半叶，永安郭氏的家族庞大，人才鼎盛，而先施马家人丁较弱，可以说是永安公司发展日趋强大，而先施公司日渐缩小的其中一个主要因素，永安公司以父存子、子存孙的方法解决了企业的继承问题，保留了家族的权益。此外企业的经营管理规则，以人治的基础扩展，无论是企业的管理抑或分工十分强调私人情义，永安郭氏用人唯亲，就是很好的例子，强大家族是有它的好处，由于向心力强，家族成员多推举家族中辈份最高者为企业集团的决策者。而在面临强烈市场竞争的形势下，这些企业家都抱着只许成功，不许挫败的心态去经营生意，因此个人与企业有共存共亡的观念，家庭成员亦将企业看成家族事业。

广东商人多以个人或家族成员微薄的积蓄兴办企业，很少向银行筹措创业资金，白手兴家几乎是我们所研究的一群商人集资的典型模式，此外，向亲友集结资金亦是兴办企业的最佳方法，商人的社会网络愈广阔，亲属愈多，能集结的资金自然愈多，能兴办的企业的组织亦愈庞大。以亲友为基础而集资的例子，多不胜数。除集资创业外，遇到生意上资金周转困难时，商人亦首先会向所属的团体筹集资金。

1907年英美烟草公司与广东南洋烟草公司在市场上竞争激烈，广东南洋烟草公司受排挤，简氏兄弟面对危机时向叔父简铭石借了九万元，又向其他商号借款四万元作流动资金，1909年以十三万港元，继续经营香烟生意。此外，三大百货公司，永安、先施、大新扩大营业规模，所得大部分资金亦由所认识的亲友中筹得。可见以人际关系所建立的社群，不但在经营管理上发挥一定的作用，而且在资金的筹措与周转方面，产生了关键性的影响力。

2. 同乡关系

以家族力量为核心的企业组织，进一步会扩展至同乡同族的兄弟。以家族为基础的发展力量，有其一定的局限，如果扩展业务，必须聚集经济实力。在二十世纪初，向银行或其他金融机构借贷，作创立事业的基础，并未十分普遍时，商人间的融资或集资仍以同乡、同族好友作为基础，同乡或同族集资经营，或互相照顾者又以华侨最为显著，旅居澳洲香山县人士，郭氏、马氏、蔡氏在澳洲集资创立的永安泰水果店，再发展至先施百货公司，及其他多元化的企业是同乡相助的好例子。此外旅居棉兰的客家人张弼士，对同乡兼同业的张煜南的提携协助，使张弼士与张煜南、张鸿南兄弟，在南洋一带被称为“张氏三杰”，垄断南洋一带的经济命脉。广东人劳敬修身为上海买办，协助广东简氏兄弟开办烟厂，广东人陈拔廷协助同乡薛广森创办协同和机器厂，陈伯廉身为汇丰银行买办，给同乡族兄融资方便，而岑氏更藉家庭经营丝业的雄厚基础，与其同族的丝业集团，垄断缫丝业入口。这都是一些典型例子。于是广东商人能摆脱上海商人对金融的垄断局面，自我建立另一套具有雄厚经济实力的融资方法。

个体的独立取向通过同乡社群的认可，然后执行，使每一个承诺或发展取向，均以团体为基础，而并非以个人成败得失为主。先施百货公司、永安百货公司、大新百货公司的发展路向及规模，先发展百货业务，进而发展保险业、人寿保险业务、银行都有很多相同之处。此外，公司在作用人员方面，聘用同乡的例子很多，最著名的当以上海永安百货的广东籍服务员，及简氏南洋兄弟烟草公司的广东籍族兄弟的管工及工人。同乡代表相同的风俗习惯，相同的乡音、语言、文化背景。这都是彼此团结的基础，在我们研究的例子，就更能具体说明这些特点。团结力量不单停留在社交活动的层面，如互相往来、吃喝玩乐、同聚乡情等。经济力量的扩张，资金的积聚集结、管理、投资等都是以家族、氏族、同乡朋友这些关系作为主要基础。

商人为巩固自身实力发展的网络以血缘发展基础，进而拓展至同族或同乡，再扩展至亲友，使商人的经济活动、政治立场、态度，都有很强烈的团体意识。

3. 姻亲网络（略）

4. 商会组织

……以地区或以宗族为团结基础的商业组织，反而较以行业为基础的组织稳固。在我们的研究对象中，除参与综合商业组织外，商人以宗族或所属地区为联系基础，甚至以曾侨居地方作为彼此联系的民间商业组织，数量亦很多，实例有黄卓卿的黄族联亲会、陈玉泉的新会家创建乐善堂，这反映出商会的组织，是以宗族或乡谊作为最重要的团结基础。

不少商人因曾在外国洋行任职，不但与外国建立了密切关系，在经济上得到了一定的方便，并藉此扩充本身的社会网络……先天性的条件如血缘、宗族、氏族关系，是商人团体凝聚力量的主要基础，而团体向外扩散，采纳由内向外，由亲到疏，由尊到卑的准则，尽量以同化他人为目的。最简单的是商人间姻亲关系的建立。而参与商业组织或因同事关系而发展成的团结力量显然不及前者强烈，这是否意味着社会结构的转变期间，先进的企业家所作的改变始终仍以传统价值观念作为出发点。

三、社会事业的拓展

1. 教育事业

商人改善经济条件以后，大多对本身有限的教育水平有所感触，极愿将金钱资助教育事业的发展，商人所赞助的学校，大多以私人名义，在原居地兴建中小学校，竭力于基础教育的发展。在选取研究的人物中，冯平山是民初在新会办学的典型侨商，除冯以外，以个人名义办学者有南洋烟草公司所兴办的古同学校，陈兰芳、黄耀东、谭杰生、叶瑞珊、陈瑞琪等以个人名义兴办的义学等。除向中小学基础教育捐赠，商人亦有向所居住的城市作专项教育资助，捐助香港大学者继有冯平山、何东、黄炳耀、张煜南、张振勋及陆佑；捐助岭南大学者有李煜堂、马应彪、谭礼庭、张振勋、张煜南及张鸿南。而资助图书馆的兴办及捐赠研究经费者屡见不鲜。商人阶级对教育发生浓厚兴趣，在某种程度上反映传统士人在地方社会上的地位，渐渐转移到经济力雄厚的商人阶级身上，兴办教育，一向都是传统士大夫、宗族、乡绅的义务，商人纵有捐赠，亦未必能公开获得社会大众人士的推崇，因地位崇高的士人，一直以来都负责教育事业的发展。

1905年科举制度的废除，使社会上已不再依循传统的选拔制度来推选社会的领导，明清以来，商人巩固经济实力以后，多数会循着买官的方法，希望改变其社会地位，使其在社会上的影响力、领导力得以合法化。在民初，由于科举制度被废除，政府又未能制定一套特定法规去监察社会变迁，经济的影响力及群众的认同就有很大的作用。

争取地方的认同，是商人首先要做的事务，向原居地的回馈，除了有衣锦还乡、光耀门楣的光彩外，在乡里之间，兴办教育事业帮助乡村的发展，不但不会受拒绝，而且会受到一定的赞赏，商人用自己的名字或家族名字兴建的学校，得到乡亲父老的承认，在名义上，取得名正言顺的地位，在实际上，这种使大众获得利益的善举，在社会上产生了潜移默化的作用。有钱商人在乡间或所居城市以实质的经济力量，直接改善教育的环境、教学器材甚至老师质素，使学生直接受惠，改良了商人在社会上的形象，他们对教育的捐助，可以说产生了直接的宣传效益，增加其在社会上的经济及政治竞争力。

广东省由于一向盛产华侨商人，尤其珠江三角洲及潮州附近地区，华商回馈的行动，使地区社会的发展较其他地方迅速，经济条件得到明显的改善，教育的质素亦随之得以拓展。

2. *慈善捐助*

除了积极参与教育事业以外，商人对社会上的赈灾、救贫活动，亦很热心支持。在我们研究的名单上，与赈灾救贫者拉上关系的，几乎无一不是，而救贫的慈善捐助的多少，又每能反映其在社会上的地位。

如果说教育事业的资助，能在社会上产生潜移默化的作用，使商人社群慢慢地受地方社会的接受，商人在发生天灾人祸以后，对地方的捐助，更能打动人心。21/66的被研究者曾积极参与当时各项赈灾活动，救济的对象多以原籍及广东省为主，尤以在广州兴建医院为普遍。此外有很大部分是对非广东省的赈济，捐赠的数量亦相当庞大，成了广东商人扩大社会或经济活动能力的一大特色。

积极捐赠善款救济全国各地贫苦大众者，在社会上都有一定影响力，于是地方的需要与商人的意愿在互相领带的背景下，关系更密切。

3. *政治活动*

在我们所研究的对象中，23/66名商人拥有官方的职衔，而其中13/23为中国甚或外国政府颁授的勋衔，大都属荣誉性质。拥有实际政治权力者不及半数，10/23在政府中担任政职，直接参与行政事务。所任官职，以财政及外交事务为主。本身营商，对财经业务较为熟悉，任职财政部门，可谓驾轻就熟，而任职外交部者，因曾侨居外地，对外国民风及地理环境熟悉，加上掌握雄厚经济实力，故被中央政府委为外交人员。

政府选拔地方领导人才，自1905年后既不能以荣誉勋衔为依据，又不能因循以往科举制所留下来的不明文规定，而必须采取新的选拔准则，地方舆论因此间接地成了挑选的标准，兴办教育及慈善事业因此成了商人最普遍的社会活动。

四、中西文化认知

虽然我们研究的对象是一班商人，他们接受正规教育的机会甚少，而且因生活需要，较注重经济发展，但在翻阅他们资料期间，我们发现这些人都很向往传统文化。冯平山、郭泉、张煜南、郑观应、陈宜禧等人的实际生活方式、言行举止、向公众发表的言论都是很好的例证。商人早年接受短期的传统教育，多为家传，对三字经、千字文只能略懂一二，大部分商人并没有机会对传统文化作深入的研究，少年出外谋生，身处陌生环境，某种程度上却能强化他们对中国传统文化的认同，尤其在南洋社会的华侨，对传统道德文化观念，不得不比中国沿海地区开放城市更加强烈。

在华侨组织内，中国传统文化，如仁、义、礼、智、信及道家的尊敬祖先的习俗，是维系及强化华侨间关系的主要途径。因此商人所接触到的“文化”内涵既近乎宗教信仰，又极生活化，完全没有学院意味。

在中国面临西方文化入侵，经济、政治急需近代化的时候，知识分子所忧虑的，是传统如何适应时势，如何成为推动现代化的主要工具。在知识分子当中，不少人推崇全盘西化的思想，他们不仅贬抑传统文化，甚至要推翻中国传统文化，以求国家的富强。商人阶层面对这问题时似乎较实际，由于并非从理论的层面出发，他们没有考虑到未来中国发展的文化模式。他们对中国文化多抱着欣赏的态度，且较能将传统精神尚实、中庸的一面，运用于现实生活。商人对传统文化的维护，对传统道德观念的推崇，远较同时期知识分子为强，他们一朝成功，回馈社会，以教育发扬传统文化，这方面更能具体地表现他们宣扬传统文化这一点。如冯平山、陈兰芳等人，更标榜传统儒学道德标准为教育之本，使人很强烈感到他们是一班传统的捍卫者。由于他们对中国传统文化，讲求尚实，颇能满足一般草根基层需要，某种程度上，使商人阶级更容易被社会上广大群众所接受，不像知识分子那样高不可攀。

我们所研究的广东商人对异域文化的接触，多为青少年时期出外谋生或在洋人公司任职低下工作的经验，在与外国接触之前，对外国语言文化多没有基础训练，不像留学外国的知识分子，他们或多或少接触过基础外国语言，阅读过有关外国的书籍。

经商的经验，使语言程度较好者，获得外国人的信任，担任了沟通中外的桥梁，对外国社会文化的学习，侧重于经济上的需要，诸如着重于语言的训练，学习金融运作、经营法规等，都是有实际需要，他们加入外国社交圈子，使日后在生意上得到不少融资的方便。除早年从实际工作经验认识外国社会外，商人大多在晚年境况较富裕时，环游世界，藉旅游去认识世界。

商人对外国社会的认识，最为珍贵的经验，是他们对新生产方式以及西方经济组织的认识。郭氏、蔡氏、马氏，在民初年间兴办的百货业，灵感主要来自澳洲英式百货公司，它改变了中国百货业市场的面貌，使以往以专门经营单一行业的零售业变为包含了衣、食、住、行多元化的消费行业。再以百货业为基础，扩张而为多元的企业集团，经营的行业，包括有汇兑、运输、航运、保险、银行、纺织制造业、酒店业、旅社等业务。不但经营的范围广阔，且牵涉的流动资金相当庞大，改变了传统私营企业的经营方法，在社会上产生了极大影响力。南洋烟草公司的简氏兄弟，早年在日本川井烟厂担任学徒，偷学卷烟制造过程，将新卷烟技术带进中国，使中国烟草业的发展，能打破传统工业的框框，可与强大的外资企业英美烟草公司抗衡。二三十年代，中国私营企业无论在组织规模，抑或在机械设备各方面，都有了新的突破。这都是多得商人群体将自己的西方的经验移入中国，加速私营企业的近代化。

当中西文化接触时，商人们所产生的反应，并不如知识分子般强烈，主要是因为他们对传统文化既没有深厚的根基，对新的文化也不认识，面对两种不同的文化，只好采取适应实际生活，朝着务实的方向前进。因此，他们心目中的中西文化务实不花巧，有浓厚的生活意味，而不是学院派所推崇的哲学理念。

小结

我们所研究的66位清末民初的广东商人，生长于社会动荡，国家致力推行政治、经济改革的年代，商人们没有错过历史给他们所制造的机会，洞悉经济改革是中国现代化的着色。他们主要地摆脱传统社会旧有的阶级观念，企求在传统过渡到现代的过程中，找到新机，使他们成为民初年间，中国本地企业改革的先驱者，社会的精英。

这些在二三十年代的社会精英，背后的故事既感人又多采多姿。从他们的背景资料，我们发现这班大多生长在中、下阶层，所接受的教育不多的一群，除了有相同的性格：奋斗、克苦耐劳、勤俭等美德以外，更有掌握时机的才智及敢于尝试的冒险精神，这些共通点使他们早年弃学或弃农从商，甚而离乡背井，往外谋求发展，吸取外国经验，透过实践，凭个人的努力，将在外所获得的资金、西方的经济制度、概念、管理方法带回中国。

商人在传统中国社会的地位一直备受轻视，要出人头地，所受的阻力甚大，要争取社会上的合法地位，商人群体比其他团体更强调团结力量。一方面是为了自保，另一方面亦为增强其在社会的影响力。于是外来的排斥力量愈强，商人群体愈益团结。商人群体的凝聚力量，使他们在社会上所推行的改革产生了肯定性的影响力，最显著的莫如其对中国的私营企业近代化的积极影响。

商人群体的内凝力量扩大的准则，均采用传统社会的价值观念，以血缘关系为基础的结构，进而扩展至乡情、宗族、亲属、朋友的联结。这些联结关系均清楚地划分了等级，则亲到疏，由尊到卑，由内至外。而且在团体内有不明文规定年长者为团体的领导，负责团体的决策，而团体成员因归属感浓厚，向心力特别强，凡此种种都有很强烈继承传统社会观念的气氛。

处于新旧制度交替，中西文化交接，商人们对传统的价值观念没有完全摒弃，对新的事物亦没有全面接受或排斥，从他们生活的言行举止、个人行谊、社会的贡献，我们知道他们都维护传统文化，竭力宣扬传统文化，同时又极端推崇西方的企业精神，他们为中国本地企业带来的改革包括开放本地市场，打破行会垄断市场的局面，引进西方先进的机器、现代会计、企业管理方法，使中国本地企业发展，不再像以往注重家传或内行，而日渐讲求经济实力，趋向多元化。广东商人经营的企业，十分讲求商品推广，产品革新，平衡市场的供需，他们用务实的态度去接受中、西文化，取其优而用，用务实的态度推动经济近代化，使中国的经济发展踏进一个新纪元。

由于商人大多出身贫困家庭，较了解大众生活的苦况，很多商人成功后，自发地向社会回馈，他们发送社会福利、建设社会、帮助社会进步，回馈的心态很多时并非像传统社会的知识分子一样，有先天下之忧而忧的使命感，而纯粹是因为体恤民情。当然在商人之中有不少希望藉此争取他们的社会的地位、名声。无论如何，他们对社会的建设，普遍地为社会大众所接受，这不但为商人争取到在社会上合法的地位，亦同时打破传统商人地位低贱的观念。

今天，当我们仍对中西文化考虑如何取舍的时候，商人的务实精神给予我们的启示，是值得我们重新评估的。

（选自《史薮》，香港学峰文化事业公司1994年版，有删节）

广东精神是什么

张竞生

张竞生（1888—1970），原名张公室，广东饶平人。是二十世纪中国著名的哲学家、美学家、性学家、文学家和教育家，“乡村建设运动”南方领袖，中国首个提出逻辑学概念、第一个提出“美治”思想、率先提出计划生育的人。曾任同盟会会员、1912年南北议和南方议和团首席秘书、北京大学哲学系教授等职。主要著作有《美的人生观》《美的社会组织法》《农村复兴实验》等。

从各种蔑视口调之后，日人近来对我们又有一种“外交客套”。说什么“广东精神”；又什么“中国如日的初升，日本如日的没落。”这些腔调，又引起了中国人一番高兴。记得法国童话有一段是狐狸精骗乌鸦口咬一片牛奶饼的故事。狐向他说：“黑老师，你近来美丽极了！”乌鸦喜不自禁，正想开口，那嘴内的奶饼，已落到地上了！我人切勿做鸦佬上了狐狸兄的大当。

可是，若说有广东精神一回事，大概不离二件：一是广东人好打，且打得好，十九路军在沪战一役已经证明了。这种好打的精神据广州《中山日报》副刊记者所考据，也是“丢那妈”精神。这样的考据比新式的考据家好得多了。尚有一种精神，就是长于经济。沪地几个大百货公司都是粤人经营的。上海北四川路与日人平分天下的只是广东人。南洋与美国的华侨经济力，素极著名了。无论地球何处都有粤人足迹，可说粤人与英旗同具“无日落”之光荣。

我们粤人既长于经济，又善于打仗，足食足兵，如能同时做到，确足使日人惊叹。但如不能好好做去，到日本来灭亡的时候，我们会打的好汉只有变成自家械斗，或上山当土匪。又一班会做生意的财主佬，只好变成饱和犹太籍的大腹贾！

（选自《广东经济建设》月刊1937年第3期）

广东人向外进展之精神

郑宝瑚

郑宝瑚，广东香山人，生平事迹不详。

广东省位于中国沿海线之极南端，易于航通欧美，故该省人民与外人通商比较任何一省人为早。又因地理上关系，人民多富有耐劳性及冒险精神。故人民向外谋生者大有日多一日，年多一年之概。彼等现在足迹不但逼于全国，几布达于全球；世上有人烟之地，必皆有广东人之足迹。其侨居于外国者，以南洋群岛一带为最多，南北美洲各埠次之，日本及澳洲又次之，其余各国均有。其旅于国内者，则首推上海一埠。

广东人谋生于外者虽众，但于离乡之前，每须经一番辛勤之筹谋，抵目的地后操作时，或因言语不通，或因水地之未平服，或因当地法律之束缚，在在须奋斗应付，艰苦备尝，因此对于勤俭德性乃有更深切之认识，其成功亦多由于此。

向外进展既成广东人之一种特性，加以其中已有相当积蓄而回来者之眩耀鼓励，故去者益多。去者多，回者亦众，熙来攘往，终岁不绝。

其赴南北美及澳洲及日本者，以中山、新宁、新会、开平、恩平、新兴、鹤山等县人为最多；往南洋群岛一带者，以琼州、崖州、钦州、高雷（高州、雷州）、中山等县人为多。往南北美及澳洲所需之“派司）（PASS）运动费（因彼岸各埠多有禁止华人登陆，故须运动）及旅费等，辄须二三千金及四五千金不等，其数因各埠而异，其中常有愿往而无力出此巨款者，虽厚利借贷典质，亦必竭力筹集，而乡人亦有一种习惯，如遇此种人，但知其无不良嗜好，及有能登彼岸之把握者，辄乐与协助，借以资金，有无抵押品亦不与较，务令其成行。乡人此举，亦颇值得吾人之钦敬。但苟因别事而有急需，虽愿贷以重利，亦鲜有应者。

又赴南北美及澳洲者，以二十岁左右年富力强之青年为多，留外久暂，恒无一定，因之而又发生一种特别习惯，当其人未起程数月以前，其父母辄先为其成婚，贫者虽于经济上感觉拮据，亦多如是。意欲使其知有家室之乐，冀其届时努力发奋，得于早日获得相当积蓄回国，而享其家庭之福，亦欲使其有所系念，不至终羁异地。此种习惯，自表面上观之，似不甚有效，然自记者观之，确有极高之效率。

广东富甲全国，虽系地产丰富所致，然出外谋生经营者如是之众，每年现金输入之数亦颇可观。但赴国外经营者，每多中下之人，且在彼方所操之工作，以苦力及小本经营者为最多数，兼以未能获得政府之相当保护，以至任人摧残，则亦殊可浩叹。而所博得之资，无非多量血汗之交换品。苟此后能得政府予侨民以相当保护，奖励智识或才学高超者向进展，俾得多经营大规模之事业，则前途发展，实未有可限量者焉。

（选自《生活周刊》1932年第4期）

南海之滨的舶影文光

蔡鸿生

蔡鸿生，1933年生，广东汕头人。中山大学历史系教授、宗教文化研究所所长，中国中外关系史学会理事。师从史学大师陈寅恪、岑仲勉。主要著作有《俄罗斯馆纪事》《尼姑潭》《清初岭南佛门事略》《唐代九姓胡与突厥文化》《学境》《仰望陈寅恪》等。

滨海地域历来是经济交往和文化交流的前沿，气象万千，既有活力，又有魅力。位于珠江三角洲的广州、香港和澳门，面向南海，东西汇流，在历史上展现过丰富多彩的舶影文光，值得后人回顾。

19世纪中期，清代诗人兼学者魏源游历过穗、港、澳之后，赋七律《楚粤归舟纪游》四首，其三有句云："濠镜羊城水气氲，华夷舟古舶自成群。门前潮汐家家海，檐际榕棉寺寺云。"从他描述的自然环境和人文环境，可以概括出一个论题，即岭南文化与海的关系。换句话说，南海之滨的"珠三角"，既是中外海上贸易的枢纽和东西文明交汇的口岸，也是中国走向世界的门户。物华天宝，人杰地灵，于史有征，于物有证。

一、岭南文化与海

面向海洋的岭南地区，拥有曲折漫长的海岸线。整个岸线自粤东开始向西南方向延伸，且微向东南方凸出呈弧状，至粤西湛江转南绕过雷州半岛，由海南岛至北部湾则向北方向微凹，岸线总长度约6096公里。

位于岸线中央的广州，正是岭南的首府。它的地形地物，长期以来被形容为一艘“大舶”：“花塔、光塔为一城之标，形胜家谓会城如大舶，二塔其樯，五层楼其航楼云。”这段话见于屈大均《广东新语》卷一九，后来张心泰《粤游小志》中重申此说。“会城如大舶”一语，点出了口岸的外向型特征，尽管被“形胜家”即风水先生倒果为因，却隐约地透露出一个事实：南粤大地是与海洋文明息息相关的。难怪四川籍的广东学政李调元，对清代广州话中某些独特的表达方式津津乐道：“凡水皆曰海，所见无非海也。出洋谓之下海，入江谓之上海也。”

在滨海地域生殖繁衍的岭南先民，很早就成为卓有建树的“舟师”。作舟造舶，入江下海，不断地扩大了生存空间。广州南越王墓出土的铜提筒，上有纹饰，刻海船四艘，每艘载六人，甲板下设隔舱，船尾有舵，沿岸而行。东汉的陶船模型，也见于广州东郊的出土文物。船分前中后三舱，尾楼一间，船尾有舵，形似木桨。船尾舵作为定向工具，是岭南古代舟师的一大发明，在世界航运史上遥遥领先，得到英国著名科学家李约瑟的确认和高度评价。

广州也是南传佛教的“西来初地”，很早就感受到来自印度的“海潮音”。晋太始二年，沙门疆梁娄至（意即“真喜”）在广州译出《十二游经》，传播一种闻所未闻的“四天子说”。原译虽有目无本，但从复译的经文中可以找到有关段落：“东有晋天子，人民炽盛。南有天竺国天子，土地多名象。西有大秦国天子，土地饶金银璧玉。西北有月支天子，土地多好马。”这种天外有天，天子有四的新说，冲击了“中国加四裔”的传统模式，修正了唯我独尊的“天下”观念，使岭南僧俗大开眼界。

二、“广州通海夷道”的兴盛

岭南地区“海通”的历史，由近及远，由间歇性、季节性到常年性的发展，可说是源远流长的：

> 元鼎中，遣伏波将军路博德开百越，置日南郡。其缴外诸国，自武帝以来皆献见。后汉桓帝时，大秦、天竺皆由此道遣使贡献。及吴孙权遣宣化从事朱应、中郎康泰使诸国，其所经及传闻，则有

百数十国，因立记传。晋代通中国者盖鲜。及宋齐，至者有十余国。自梁武、隋炀，诸国使至，逾于前代。大唐贞观以后，声教远被，自古未通者，重译而至，又多于梁隋正（《通典》卷一八八《南海序略》）

自汉武帝以来，南海道长期被看做“遣使贡献”的贡道。贡使、僧徒和海商，接踵而来，互通有无。经过长达千年的拓展，到唐代中期以“广州通海夷道”之名出现，才具有丰富的地理内涵。这条中世纪著名的国际航路，从广州出发，经屯门山、七洲列岛、马六甲海峡，越印度洋，入波斯湾，直抵东非海岸。沿途所经的山、洲、城、国，共百余处之多。在“广州通海夷道”的起点上，从隋文帝开皇十四年（594年）开始，便屹立着一座南海神庙，它是海灵的象征。到唐玄宗天宝十载（751年），册封南海神为“广利王”之后，这座神庙便被视为通海放洋的“精神灯塔”了。廖颙在《重修南海神庙记》中这样描述它的神话功能：

胡商越贾，且万斛之舟，张起云之帆，转如山之柁，乘长风，破巨浪，往来迅速，如履平地。非恃王之荫祐，曷克尔耶？西南诸蕃三十余国，各输珠宝，辐辏五羊，珍异之货，不可缕数。闽浙舟同船，亦皆载而至，岁补何啻千万缗！廛肆贸易，繁颗富盛，公私优裕，繁王之力焉。

这篇《庙记》无异一份招财进宝的广告，将海外交通的经济功能神话化了。当年辐辏羊城的“珍异之货”，包括珠、香、象、犀、玳瑁在内，商品结构十分复杂，因从舶上来，故称“舶来品”。元大德八年纂辑的《南海志》，将舶货分成八类：宝物、布匹、香货、药物、诸木、皮货、牛蹄角、杂物，共71种。在舶来品冲击下，从唐代后期起，岭南的社会文化增添了内地所无的新事物，它们可以看做是“广利王”世俗精神的结晶，开创了9世纪南海互市的新局面。举其要者，计有三项：第一，新官制，即设置管理海外贸易的市舶司；第二，新社区，即开辟供外商居留候风返航的蕃坊；第三，新行业，包括和香人（调制香料的工人）、解犀人（切割犀角和象牙的工人）、舶牙（舶来品的经纪人）和唐帕（译人）。

宋代是市舶贸易的黄金时代。在“广州通海夷道”上，汉人的“唐舶”以巨商为纲首，输出丝绸陶瓷，远销南亚、西亚和东北非；波斯舶、大食舶，则输入香药珠宝，由南向北扩散。广州成为头号贸易港，享有“珍珠市”“碧玉城”的盛誉。程师孟的《题共乐亭》，无异一首赞美诗：“千门日照珍珠市，万瓦烟生碧玉城。山海是为中国藏，梯航犹见外夷情。”（《舆地纪胜》卷八九）

现存广州的三佛齐《重修天庆观记》碑石，就是中世纪“外夷情”的物证，说明中国与阿拉伯世界的情谊源远流长。到了夷情少、夷务多的明清时代，和平贸易被商业战争所代替，以致“迩来耶稣秆，遍传新旧约，载以通商舶，助以攻城炮”，那就与先前不可同日而语了。

三、海事变迁与华洋交汇

东西方的交往，并不是一个牧歌式的进程。“蕃舶”被“洋舶”取而代之，标志着旷古未有的沧桑巨变。前者以阿拉伯为代表，后者以葡萄牙为代表，这两大势力在印度洋的角逐和更替，发生于15世纪末期。从此之后，中国便面临西方列强的挑战，以艰难的步伐，实现从朝贡体制向条约体制的转变，由浅入深地卷入世界体系。在历史的大变局中，粤、港、澳三地的命运殊异，但华洋交汇的共同趋势，并没有例外。

西方通东方的新航路，因葡萄牙人迪亚斯1488年绕过非洲南端的“风暴角”（后经葡王改名“好望角”），接通印度洋的环形航线被发现了。在所谓“大航海时代”，西洋人接踵而来，先有葡、西、荷，后有英、法、美。广州和珠三角地区首当其冲，确是“华夷舟古舶自成群”了。位于珠江口西岸的澳门，是进出广州的必经之地。自16世纪中期以后，葡人入据于此，大兴土木，输入欧陆文明，这个联结东西洋的贸易枢纽，也是中外文化交流的重要桥梁。从19世纪中期起，香港也在南海之滨显露头角了。作为维多利亚时代英国在远东的猎获物，这个新兴的港市后来居上，成为闻名遐迩的国际都会。

毗邻港澳的广州，曾经享有“天子南库”的盛誉，是中国三大名产丝绸、瓷、茶的出口基地。广州产的珐琅瓷，甚至远销俄罗斯，增添了圣彼得堡冬宫里的陈设。尤其从1757年清廷专限广州一口通商至1856

年“亚罗船事件”，在这跨越18、19两个世纪的整整百年中，季节性的“互市”被形形色色的“夷务”所代替。先经澳门、后经香港，西洋物质文明和精神文明以双管齐下之势，在广州会聚并向内地扩散，广州成了中华大地得风气之先的“南风窗”。最早传入广东的洋画，都是宗教画。著名的耶稣会士利玛窦，万历十一年（1583）由澳门入肇庆传教。在名为“仙花寺”的教堂里，悬挂过天主像和圣母像。世俗画随后也传入岭南，令观者耳目一新。清初岭南三大家之一的陈恭尹，寓居广州时写过《题西洋画》的诗，抒发自己如下的观感：

西番画法异常伦，如雾如烟总未真。酷似少翁娱汉武，隔帷相望李夫人。

丝丝交织自成文，不画中间画四邻。亦是晋唐摹字帖，偏于无墨处传神。

这位诗人将西洋画“如雾如烟”的朦胧美，与汉代方士“少翁娱汉武”的戏法相比，借以说明“宜远望不可逼也”的道理。在西洋美术初传之际，岭南文人作出“洋画汉观”的鉴赏，真是耐人寻味。乾隆末年，著名诗人袁枚游粤，其《留别香亭》六首之三有句云：“教侬远上五羊城，海寺花田次第经。沙面笙歌传昼夜，洋楼金碧耀丹青。”袁氏所见的洋楼，即所谓的“碧堂”：“盖西洋人好碧，广州十三行有碧堂。其制皆以连房广厦，蔽日透月为工。”（李斗《扬州画舫录》卷一二）到了道光年间，洋行、教会、西医院、新闻纸，等等，纷纷登场，出现一派华洋交会的景象，“羊城”也染上“洋城”的风采了。引人瞩目的外销瓷、外销画和外销牙雕、外销家具，可以说是外向型文化的缩影，反映出传统创造性转化的时代精神。

四、走向世界的岭南先驱

经受过“西学东渐”洗礼的珠三角，人文荟萃，孕育出一大批认识世界、走向世界的先驱。他们的业绩，垂范乡邦，光耀后世。

在海警初开的年代，梁廷兰网罗当时的中外资料，写成《粤道贡国说》《粤海关志》和《夷氛闻记》等海防书籍，表达了岭南赤子的拳拳之心。曾在澳门和香港受过启蒙教育的容闳，留美八年，学成后撰《西学东渐记》，报效祖国。出身于澳门望族的郑观应，忧国忧民，在《盛世危言》中发出救亡的呼声。更令人缅怀的是，近代“向西方寻找真理”的四位先进人物（洪秀全、康有为、孙中山、严复），有三位是岭南先贤。

晚清的珠三角，也是洋务人才的重要温床。同治十一年，选派第一批留美幼童30名，其中广东24人，居然有13位“香山子弟”。在知识转型中，粤籍人士举足轻重，可说是朝野的共识。难怪刘坤一在《捐资生息储养洋务人材》折中，把“粤人”列为首选：

> 夫近山者多善猎，近水者多善渔。粤人与洋人相处有素，其营生外洋各埠者几百万人，不独文字评议通晓者众，即西洋之法律、西洋之艺能亦多所娴习。如郭嵩焘所举之总领事胡璇译，美国之翻译官余贞祥，英国之大律师伍铁庸，均系粤产。又如在籍候选员外郎温子绍，于各项机器颇能会通。粤人之熟习洋务，于此盖可概见。诚得此项人才加以造就，由拱把之木因而灌溉滋长之，则取材更易。（《刘忠诚公遗集》奏疏卷一二）

从晚清到当代，日月早已换新天。我们相信，在历史上形成起来的粤港澳“人才库”，一定能够策群力，继往开来，为中华民族的伟大复兴建立新功。

（选自《中外交流史事考述》，大象出版社2007年版，略有删节）

伍

首开风气　再领风骚

当年之勇与再贾余勇

“因地理上关系，人民多富有耐劳性及冒险精神。故人民向外谋生者大有日多一日，年多一年之概。彼等现在足迹不但逼于全国，几布达于全球；世上有人烟之地，必皆有广东人之足迹。”这就是广东人向外进展之精神。

在安土重迁的中国，在技术落后的年代，所谓“向外进展”，远涉重洋讨生活，需要多大的勇气！诚所谓“前人之难，后人之福”。当年粤人的向外进展，其实是一种筚路蓝缕的开辟式的主动开放。而且重洋于外，还重关于内。明清以来，远离广东偏远如云贵川滇甘陕等非经济中心之地，广东商人留下的一座座会馆，就是明证。

近现代以来，在外敌入侵、家国沦丧的颓势下，同时，也在欧风美雨的照拂下，岭南人的家国理想，就是变法维新，就是改制革命，岭南因此一次次成为时代变革的策源地，同时也成为万众殷嘱的新文化新文明翘望地。

秉承这种历史文化基因，三十多年前，在中央开放改革的新的号角激励下，广东人以“杀出一条血路”的勇气，开辟了中华文明伟大复兴的新局。然而，时光穿越，三十年过去，仍有雄关漫道，需要从头再越。在这中华民族最为接近伟大复兴的时候，也是进一步改革需要革命般的努力的时候，粤人如何汲引新质，再领风骚，重膺使命，再造岭南新文化，重构华夏新文明?

勇于历史担当，有赖粤人之性；能有历史担当，岂非粤人之幸！珠水维新，其命维新；舍我其谁，史命唯膺。

洋务运动在广东

赵春晨

赵春晨，1942年出生于安徽，祖籍河南商水。广州大学人文学院教授、广州大学十三行研究中心主任，兼任广东省历史学会副会长、广州地方史学会会长等职。主要著作有《广州十三行研究回顾与展望》（主编）、《宗教与近代广东社会》（第一作者）、《岭南近代史事与文化》等。

一、得风气之先

有一种看法，认为广东洋务运动起步迟，即到1873年两广总督瑞麟创办广州机器局时才开始启动，比上海、福建、天津等地晚了七八年。这实际是一种误解。因为广东洋务运动的开展并不始自1873年的广州机器局，而是早从19世纪60年代前半期就已经开始，可以说，广东是当时全国率先开展洋务运动的少数几个省区之一。

广东开始洋务运动的一个重要标志，是广州同文馆的建立。同文馆是第二次鸦片战争后的产物，最早建于北京（1862年设京师同文馆，附属于总理各国事务衙门）。它是清政府为解决急需的翻译人才而设立的外语学堂，也是洋务派办洋务教育的开始，因此是洋务运动的一项重要内容。京师同文馆建立后第二年，任江苏巡抚的李鸿章奏请依照京师同文馆之例在上海“添设外国语言文字学馆”（不久获准成立，即后来的上海广方言馆），同时还提出：“其广东海口可否试行，有无窒碍之处，应请饬下该省督抚体察办理。”清政府据此下令广东官员进行筹商，至1864年6月毛鸿宾任两广总督时正式建成。这是广东洋务教育的开始，也是广东开展洋务运动的重要标志。

在广州同文馆建立前后，购买、仿制新式船炮的军事近代化活动，已在广东有所开展或酝酿。早在劳崇光任两广总督的后期，为了镇压省内农民起义的需要，曾经成立洋枪队，选派兵丁接受英法军官教练，使用洋枪洋炮。劳崇光一面托英国领事罗伯逊向国外采办新式枪炮，一面计划“雇募制造火器、火药之良工数人来粤，由内地选派精细工匠学习制造，并派妥员监造，务期得其真传”。此外，劳崇光还曾参与总理衙门首次向英国大规模订购船舰（即阿思本舰队）的活动。继后督粤的晏端书、毛鸿宾等，也对引进和仿制新式武器颇有兴趣。在仿制轮船方面，郭嵩焘担任广东巡抚时（1863—1866年），就曾有所筹商。接替郭嵩焘任粤抚的蒋益澧，在1866年8月奏折里，更是直接提出在广东等地设厂“制造轮船，一面雇觅洋匠指授，一面选聪明子弟入厂学习”的建议，当时虽然未被采纳和实现，但蒋益澧还是会商粤督瑞麟，自筹款项从英法两国陆续购买来七艘轮船，用于广东沿海的巡缉工作，这是广东水师，也是中国水师中最早使用的一批轮船。以上这些活动表明，在广州机器局成立前十余年间，以引进新式船炮为主要内容的军事近代化活动在广东业已出现。

广东何以会较早地开展洋务运动？其原因主要是因为广东地理位置特殊、得风气之先的缘故。广东地处中国南部沿海，长期是中国对外贸易的中心地。鸦片战争以后，五口被迫开放，广州居其一。香港岛也被英国割占，逐步经营发展为一个殖民地城市。在西方资本主义政治、经济、文化的猛烈冲击之下，广东一些较开明的官吏和知识分子较早开始留心西学。19世纪40年代初，林则徐在广东就曾提出过“以洋税办洋防”、制造船炮的主张，还有人试行仿制过火轮船，翻译和介绍世界知识在广东也颇为盛行。虽然由于清政府实行闭关自守，致使林则徐等少数先行者的思想闪光不可能在广东成为现实，但到第二次鸦片战争后，随着洋务派在清政府中占据重要地位和推行洋务运动，广东这种得风气之先的优势也就得以显示出来。正如李鸿章奏请于上海、广东设立同文馆时所说：“洋人总汇之地，以上海、广东两口为最，种类较多，书籍较富，见闻较广。语言文字之粗者，一教习已足；其精者务在博采周咨，集思广益，非求之上海广东不可，故行之他处，犹一齐人传之说也；行之上海广东，更置之庄岳之间说也。”这是就办洋务教育而言，而从购买、仿制西方船炮上看，广东的方便条件也是显而易见的。另外，近在咫尺的香港岛在英国人统治下的发展，对于广东的官吏来说无疑也是一种刺激。广东巡抚蒋益澧在1866年上任时曾写道：“臣前途经香港，见其水师雄壮、楼阁崇闳，码头生意之旺甲于南洋。迨路过大虎、小虎、猎德一带，所有拒险炮台，全行废堕。虎门昔号天险，今为坦途。然则言治粤之权舆，固以中外相安为要；而筹自强之急务，尤以卧薪尝胆为先。”处在这样的环境之中，广东较早地开展洋务运动也就不足为奇了。

二、步履维艰

广东洋务运动虽然开展较早，但发展缓慢，局面狭窄。

从兴办近代军事工业来看。广东虽然较早开始购买和零星仿制外国军火的活动，但迟至1873年，方由粤督瑞麟和广东巡抚张兆栋在广州城南聚贤坊办起一家规模不大的机器局。广州机器局不仅建立时间甚晚，大大落后于上海、南京、福州、天津，甚至西安、兰州等地的机器局、制造局，而且规模狭小。从开办到1884年底，十二年中它的总投资额仅为59万多两银子，平均每年不足5万两。这同开办费一次各投资数十万两、常年额定经费都在五六十万两以上的江南制造总局、福州船政局简直无法相比。就是比起天津机器局、金陵机器局以及稍晚建立的山东机器局，广州机器局也要逊色得多。

再就发展民用企业而言，广东开始洋务运动至80年代中期张之洞督粤之前，二十余年中除了架设由广州至九龙和由广州至梧州等地的陆路电报线，可以说是军民兼用之外，在这方面基本是无所作为。而同期洋务运动在上海、直隶、山东、湖北、江苏、安徽、热河、甘肃、台湾等省区已陆续建立起一批航运、采矿、纺织及铁路等方面的近代民用企业。

广东洋务运动之所以步履维艰，1884年张之洞督粤后曾在一份奏折里发表过这样的议论：“三洋海面以粤为冲，中国之有洋务以粤为始，探洋情、买洋械以粤为便，二十年来逐渐经营，早应备御完密。乃历来治粤者习常蹈故，远虑蔑闻……惟是事体繁重，经费艰难，且动为各国洋人所牵制。”这段话说明了广东洋务运动所存在的问题。

三、张之洞在广东的洋务经营

张之洞原为京师清流派健将，以抨击时弊、直言敢谏而著称，19世纪80年代前期出任山西巡抚时，思想开始向洋务派转化。1884年7月他就任两广总督，首先经历了中法战争的筹防抗敌实践。战后他总结中国“受制于敌”的教训，认为原因是“水师之无人，枪炮之不具”“历年设厂购船，仅开期端，未畅其用”，主张大力推进洋务运动，加速“求强”“求富”的步伐，在广东开始大规模兴办洋务，其主要内容有：

第一，加速建设广东水师。广东水师是清军水师中最早从国外购买和使用轮船者，但是后来一直发展缓慢。张之洞莅粤后，鉴于这种“六门海口内外，扼守无具”的状态，曾向朝廷提出建立粤洋海军的建议，但计划未获清廷批准，张之洞只好完全依靠本省财力来建设广东水师。到19世纪80年代末，经张之洞的建设，广东水师已拥有军舰二十余艘、小型炮船十多艘以及鱼雷艇若干。

第二，整顿广州机器局和创建石井枪弹厂。“将所有旧日冗滥员绅概行屏退，重定规章、遴选员匠、参酌神机营及津沪各局章程，立为考课、工艺、察核、料价之法，申严赏罚，实事求是”。接着他又在广州城大北门外之石井墟购地三十亩，建造新的枪弹厂。这个枪弹厂后来被称作制造西局，而原制造局被称为东局。

第三，筹建广州枪炮厂。从1888年开始，他便在广州筹建一座新的大型枪炮厂。为此，他一面同清朝驻德公使洪钧联系，向德国订购能制造新式连珠快枪和克虏伯过山炮的机器，一面在省内向文武官绅和盐埠各商募集“捐款”。

第四，筹建广州炼铁厂。张之洞在广东，对于兴办关系国计民生的近代民用企业也十分重视。他曾说：“通商以来，凡华民需用之物，外洋莫不仿造，穷极精巧……土货日少，漏溢日多，贫弱之患，何所底止！近年各省虽间有制造等局，然所造皆系军火，于民间日用之物，尚属阙如。臣愚以为华民所需外洋之物，必应悉行仿造，虽不尽断来源，亦可渐开风气。”从这种“抵洋”思想出发，他在广州积极着手筹建炼铁厂、织布局等。炼铁厂的地址，选定在广州城外珠江南岸的凤凰冈，“俟绘就厂图寄粤，即当赶紧建造”。关于这个厂的举办方式，张之洞初步确定为“先筹官款垫支开办，俟其效成利见，商民必然歆羡，然后招集商股，归还官本，付之商人经理。”

第五，筹建广州织布局。对于广州织布局，张之洞寄予很大希望，他在奏折中写道：“现计中国织布商局仅有上海一处，经营十余年，尚未就绪，若粤省开设官局，营运有效，再能推广于沿江各省，悉变洋布为土布，工作之利日开，则漏卮之害日减……本务长策，无逾于此。”

第六，创办广东钱局。张之洞目睹外国银元大量流入中国市场，造成“利归外洋，漏卮无底”的严重现象，遂积极筹划机器铸币。1889年5月，广东钱局正式投产，首先铸造制钱“光绪通宝”，每日约可成钱5百缗。不久，又开始铸造银币，分为一元、半元、贰毫、一毫、五分共五种。这是我国使用机器大规模铸币的开始。

第七，兴办广东水陆师学堂和增设“洋务五学”。张之洞在广东办洋务的另外一项重要内容是大力发展洋务教育事业。他在张树声所建“实学馆”基础上，改建“博学馆”，用以教授“西艺”。1887年又将“博学馆”扩建，并改名为“水陆师学堂”。额定招收水师、陆师学生各七十名。水师学生一律学习英语，下分管轮、驾驶两个专业；陆师学生一律学习德语，下分马步、枪炮、营造三个专业。学习期限为三年，采用课堂教学和实际操作相结合的学习方法，聘有洋教习数名、汉教习十多名，其中包括首批留学美国归来的詹天佑等人。广东水陆师学堂规制、课程、校舍都较完备，堂外还附设管轮机器厂、铸铁厂、打铁厂等，还专门调拨了“广甲”轮船作为水师学生练船，规定学生在三年中分六次出洋，巡航中国沿海和南洋、东洋各国。这可以说是一所初具雏形的近代军事学校，它也是张之洞大办洋务教育的开端。

1889年，张之洞又在该堂增设“洋务五学”，即矿学、化学、电学、植物学、公法学五门新的学科。他认为这五门学科“确有实用”，“皆足以资自强而裨交涉”，因此特意通过驻英使馆从英国聘雇这几门学科的专门教习来粤，计划每科招收三十名学员。准备把洋务教育扩大到理工农科和国际法专业。

四、历史作用与局限

首先，从广东海防建设的情况看，洋务运动的开展对于海防力量的加强无疑是起了积极的作用。

其次，从与民族资本主义的关系上看，洋务运动的开展并未阻碍民族资本主义在广东的产生和发展，相反倒是起了一定的促进作用，为后者提供了比较有利的客观条件。另外，洋务运动中所建立的广东钱局等，对广东商品经济和民族资本金融业的发展也有一定刺激作用。正因为有这些客观条件，再加上商品经济一向比较发达、毗邻港澳、华侨回乡投资等因素，民间商办企业在广东出现较早、发展较快。19世纪70年代，广州、南海等地已经开始有若干机器缫丝、船舶修造、机器制造、轮船运输等方面的商办企业，如陈启源的继昌隆缫丝厂、陈植榘的裕厚昌缫丝厂、陈淡浦的陈联泰机器厂、梁定荣的广德泰轮船公司等。此后，机器缫丝业在珠江三角洲一带发展迅速，到甲午战争前，广东南海、顺德、新会、三水等地开办的近代缫丝厂累计共有88个，投资额1633190两，工人数为4万。

同一时期，在广州、佛山、汕头、九龙、香山、海南岛等地还陆续出现一些商办的机器厂、火柴厂、榨油厂、造纸厂、印刷厂、电灯厂以及轮船公司、铜矿、银矿等。洋务运动时期广东民族资本主义的发展在全国居先进之列，可说是仅次于上海的一个省区。

第三，在培养近代外交、科技、军事人才方面，广东洋务运动也有一定的成效。

由于存在着种种局限，洋务运动尽管给广东带来一定的进步，但是这种进步毕竟是太小、太慢了。在洋务运动进行的时期里，半殖民地化也在中国（包括广东）一步步地加深。洋务运动尽管从主观意图上是“借法自强”，但是终未能阻止中国的半殖民地化。这并不是因为“借法”不对，也不是因为洋务办得太多、太快的缘故，而恰恰是因为洋务办得不够、办得不好才造成的。广东的情况就是一个明显的例证。

（选自《广东社会科学》1992年第4期，有删节）

论岭南文化的近代精神

陈胜粦

陈胜粦（1937—2003），广东梅县人。曾任中山大学历史系主任，兼任中国史学会理事、教育部历史学科教学指导委员会副主任。主要著作有《林则徐与鸦片战争论稿》《对西方挑战的首次回应——鸦片战争》等。

从鸦片战争开始的近代历史进程，使古老的中国传统文化遭遇到各种各样的挑战，由此开始了从传统向近代形态的曲折艰难的转型。与中国传统社会的嬗变在地域上首先从沿海口岸开始的特点相适应，对传统文化的挑战亦首先来自最先受到西潮浸润的沿海地区，新文化的因素在无情的挑战和悲壮的回应中悄然滋长、茁壮。实际上，若干富有特色的地方文化，启动了近代文化演变的开端进程。岭南地区以其得天独厚的优越条件，孕育了推动中国文化向近代形态转变的岭南近代文化精神。本文着重从精英文化的层面，探讨近代岭南文化中引导了历史潮流的近代精神，也就是岭南近代文化精英所开创的中国近代爱国主义精神。

一、从“得风气之先”到“开风气之先”

岭南文化对近代中国历史进程的贡献，当首推其“开风气”之功。这种凝聚着一代又一代岭南文化精英巨大努力的文化成就，首先应归因于岭南地区“得风气之先”的历史机缘。

自汉代开始，岭南已是中国与外部世界相沟通的少数几个地区之一。唐宋时期，在广州进行的中外贸易获得长足发展，广州成为闻名于世的“海上丝绸之路”的始点。明朝后期，欧洲人开辟了在岭南地区新的贸易活动。到鸦片战争前，来自欧美的商人已取代了中国传统的贸易伙伴，主宰了中外贸易，葡萄牙人甚至还通过种种手段盘踞澳门。在西方商人取得贸易进展的同时，自明末开始，一批又一批的天主教传教士来到中国，首先在广东沿海活动，想尽各种办法来推进“上帝的事业”。著名的耶稣会士罗明坚、利玛窦等，均在岭南多年从事传教及其他活动。清政府在鸦片战争前虽屡次明令限制并禁止传教士的活动，但广东一直是传教士隐匿出入之地。

西方各国在岭南地区进行的商业贸易和宗教活动，以及由此必然引起的中西交涉、法律冲突以及文化交往，无疑在岭南地区形成独特的社会文化因素，造成其他地区所不具备的文化心理氛围，从而对岭南地区在文化上构成一定的刺激。这是岭南地区“得风气之先”的一个不可忽略的重要层面。

西方传教士及其他人士的文化活动是更为直接的文化刺激。据有关统计，1811—1842年间，传教士在广州和澳门出版的中文报刊就达13种之多。此外，传教士在马六甲、巴达维亚、新加坡等地亦出版了大量中文书刊。这些地区虽不属岭南地区，但这些以中国读者为对象的出版物首先大量流入岭南地区。上述书刊多为宗教宣传品，但也有一些是介绍域外地理、各国历史等内容的书刊。西方人士还在广州、澳门等地出版大量外文书刊，如《广州纪事报》（1827）《广州杂志》（1831）《中国丛报》（1832）《广州周报》（1835）等。这些中外文书刊，日后均成为岭南文化精英们开眼看世界的珍贵资料，并对他们起了可谓振聋发聩的功效。

鸦片战争前岭南地区已有不少人远涉重洋到异域谋生，远至南洋、非洲和欧美各地。1820年，由身历诸洋番国的谢清高口述、杨炳南笔录的《海录》在粤刊刻。这不仅是岭南文化史上的一个重要事件，是岭南地区“得风气之先”的一个标志，也是中国文化史上一件值得纪念的事。

上述种种事实表明，鸦片战争前岭南地区在接触域外文明、西方文化方面，确已“得风气之先”。

这种“得风气之先”的优势条件，使岭南文化具备了其他地区不能比拟的一笔丰厚的文化资源。不过，这种文化资源只有在近代历史发生剧变的背景下，在岭南文化首倡开眼看世界、向西方学习的历史潮流中，才能真正实现其价值。岭南文化适应时代的需要，将“得风气之先”的优势转化为“开风气之先”的精神，从而在近代文化演进的过程中实现了一次飞跃。

这个飞跃由林则徐首开其端。林则徐虽然只在岭南生活了两年，但这是他一生最辉煌的时期。他以杰出的贡献开创了岭南文化的新时代。他以爱国爱民的胸襟，坚持经世致用的立场，从抗英斗争的实际需要出发，摒弃盲目自大、“天朝上国”的虚骄心理，广开言路，组织人员翻译编纂中外文书刊，以了解西洋情势。在1839—1840年间，林则徐的努力使广州出现了一个“海外图说毕集”，所译书报“灿若星罗”的繁盛局面。广州成为当时中国人开眼看世界的活动中心。鸦片战争后，广东著名学者梁廷枏广泛收集资料，撰成优秀学术著作《海国四说》，向国人介绍英美等资本主义国家的社会、政治、经济、文化情形。近代开眼看世界的代表性著作魏源的《海国图志》，也是继承林则徐的宏愿，以林氏编译的《四洲志》为基础，扩充而成的。由广东肇始的开眼看世界思潮，很快风靡中国思想界。

林则徐等人的开眼看世界活动，同在岭南地区“得风气之先”的基础上，积极寻求新知，从而在开创开眼看世界潮流的同时，使岭南地区继续保持“得风气之先”的优势地位。这一地位的巩固，又为岭南文化在新的历史进程中继续“开风气之先”，提供坚实的基础。同样，岭南地区的文化精英在倡导新的时代思潮时，亦能利用岭南文化的既有成果，广求新知，从而为岭南文化迈向新的历史阶段创造条件。于是出现了由“得风气之先”到“开风气之先”的不断循环。这是文化史演进中难能可贵的良性循环。

近代明确提出“师夷之长技以制夷”著名口号的是魏源，以实际行动迈开了学习西方第一步的是林则徐，他在向西方学习历程中的第一个飞跃——由学习西方军事、器物跃进到学习西方政制的历程中，发挥了重要作用。同时，新一代岭南文化杰出人物在接触、吸收西学方面继续走在时代的前列，并提出种种改革中国的措施、方案。原籍广东香山的容闳，为最早赴美留学的学生之一，回国后怀着真诚的爱国热情，提出种种改革中国的方案，在近代知识界、思想界长期享有崇高声誉。接受西式教育，长期在香港活动的广东知识分子何启、胡礼垣，在其著作《新政论议》中明确提出开设议院的主张。著名改良主义思想家、香山人郑观应，在其名著《盛世危言》中系统阐述“立议院、达民情”以“张国威、御外侮”的思想。凡此均是挟“得风气之先”之优势而“开风气之先”的典型例证。

随着历史前进的脚步，对中国进行彻底改革的政治诉求被付诸实际行动。清末维新运动的领袖康有为、梁启超和伟大的民主革命先行者孙中山都是广东人。康、梁站在新的历史高度，审视西方文化，透过表象直指西学的内核。他们对西学的追寻和推介，将岭南文化“得风气之先”的内涵提升到新的层次。由他们领导的近代第一次文化启蒙运动——维新运动，对封建制度、文化发出公开挑战，以巨大的冲击波震撼了犹在沉睡的国人，唤醒了一代爱国青年去投身救国救民的悲壮事业，从而又将岭南文化“开风气之先”的内涵提升到新的高度。

民主革命的先行者孙中山，在童稚之年远赴檀香山求学，归国后又在广州、香港受西方文化的薰习，成长为一位怀着崇高的爱国理想，坚韧不拔，不屈不挠的革命者。在他充满曲折的一生中，始终坚持以西方文化的精粹——自由、平等、博爱、民主共和的理想引导中国文化的新方向。岭南文化的进取精神再次得到升华。

在政治变革尚在重重阻力之中蹒跚徘徊之际，思想家们又以深邃的目光检视阻力的文化根源，开始思考“人的近代化”这一新课题。在初期，关于人的近代化的理念是以西方文化人格为蓝本的。辛亥革命前，梁启超是鼓吹重塑国民、改造民性的主要思想家之一。在他的宣传鼓动下，20世纪初年的中国思想界，出现一个蔚为壮观的批判封建文化人格、“铸造新国民”的时代思潮。这是近代岭南文化开创新风的又一个崭新层次。

这些事实表明，由“得风气之先”而“开风气之先”，作为岭南文化的一种独特的文化精神，贯穿在近代岭南文化发展的过程之中。岭南文化能在近代为中国的进步作出不容忽视也不容低估的贡献，应首先归因于这种文化精神的不断发扬。特别是由“得风气之先”到“开风气之先”的不断向上的良性循环。

二、调适情感与理性的冲突

从现代的观点看，近代中国人面对西方双重挑战，学习“先进的西方”以反抗“侵略的西方”，是理所当然的选择，但这种选择是极为艰难的。西方世界对近代中国来说具有双重性，一方面它是进步、先进的象征，几乎在所有方面值得中国师法；另一方面它又是不可饶恕的侵略者，其肆无忌惮的侵略行径使中华民族面临空前的民族危机。“先进的西方”带着“侵略的西方”的魅影，呈现在国人面前。人们有理由怀着爱国的情感憎恨那个“侵略的西方”，但这种憎恨容易导向对西方文化的排拒。人们也有理由怀着理性的价值判断学习“先进的西方”，但如果丢掉学习西方的本来目的，以“西化”为最终鹄的，便滑向盲目的西化。在近代史的前期，对西方文化的笼统抵拒经常与憎恨西方的情感因素混杂在一起，而清末民初逐渐高涨的全盘西化声浪，则经常以理性思考的面目出现。这样，就需要有一种健全的文化精神来调适必然产生的情感与理性的冲突，清楚地辨别“先进的西方”与“侵略的西方”两种因素，以爱国爱民的情感为基础，形成自觉选择历史的理性。

我们选取林则徐、康有为、孙中山这三位开拓近代岭南文化的杰出代表，从他们的文化人格中可以发现上述这种调适情感与理性冲突的健全的文化精神。

当林则徐初到广东之时，他对远涉重洋而来的“夷人”尚无足够的认识。但他很快以一个爱国者的敏感，认识到鸦片问题关乎国家命运、民族尊严。他坚持禁绝鸦片的立场，领导禁烟斗争；另一方面，林则徐又清醒认识到，中国在军事上已明显落后于西方，若仍不急起直追，其患不可胜言。他毅然抛开“天朝无所不有”的神话，以极大的勇气，带头睁开眼睛，冲破禁区，仿制洋船夷炮，广求“夷务”新知。在他的身上，体现了情感和理性和谐统一的精神境界，要比其他爱国者高出一筹。

在林则徐的时代，围绕向西方学习问题而产生的情感与理性的冲突虽然已经存在，但并未达到激烈尖锐的程度。鸦片战争后的历史发展使这种冲突日益明显，形成了观点迥异的不同阵营。到康有为的时代，调适情感与理性的冲突，超越文化心理上的障碍，已是一个走在时代前列的爱国者需首先解决的问题。在国权日益沦丧、民族危难日益深重的情形下，康有为一次又一次地向朝野上下大声疾呼，要求采法俄日，急谋变政，通过全面学习西方来避免亡国灭种之祸，并亲自导演了戊戌维新的悲壮历史剧。康有为始终怀着炽热的爱国情感向西方寻求真理，他将日益严重的民族危机转化为学习西方的内在动力。没有人能够怀疑他对"侵略的西方"怀有强烈的警惕愤恨之心，但他将这种理所当然的爱国情感化为师法"先进的西方"的历史自觉。情感和理性在这里不是矛盾对立的双方，而是互相支持，互为因果，统一于爱国救亡的时代主题。康有为以自己的思想与行动证明，在近代中国，只有科学地调适情感与理性的冲突，才能拥有健全的情感与健全的理性，才能正确选择救国强国的道路。

孙中山的西方教育背景似乎可以使他在选择西方式的道路时较少受到情感因素的考验。他对革命事业的辩护也表明他遵循着西方的价值观。但实际上，近代的民族危机仍然是他革命思想和数十年不屈不挠的革命活动的主要背景。他已能够在观念上明确区分侵略的西方与先进的西方，决心师法后者以击败前者。"不忍亡国灭种"，是他矢志革命的主要出发点之一。在孙中山的晚年，他对帝国主义的本质有越来越深刻的认识，他这一时期的著作，满纸皆是对列强的抨击愤恨之辞，但他也始终坚持着从西方寻找真理，始终在努力完善他以西方思想为基础的学说体系——三民主义。他认为只有建立一个强大的民主共和国，才能战胜纠缠中国半个多世纪的梦魇——"侵略的西方"。在孙中山的精神世界中，爱国的情感与寻求真理的理性，已达到水乳交融之境。

上述三位影响近代中国历史进程的杰出代表，面临西方对近代中国的双重挑战，面对不可避免的情感与理性的冲突，他们所作出的双重回应和双向调适，表明他们的爱国感情充满理性，他们的理性思考则以爱国的情感为基础。这就是岭南近代文化精英所开创的中国近代爱国主义精神的集中体现。岭南文化的这种近代精神，融化在中国近代文化发展的历程中，帮助和指导人们进行正确的文化抉择。

三、对传统的继承与重塑

近代岭南文化的另一引人瞩目之处在于，它在中外古今交汇之际，力图消解传统文化与近代精神的紧张，并获得一定意义上的成功。得到充分发展的成熟的中国古代传统文化必须吸纳新的文化因素才重获生机，但在其发生转型、迈向新途径之时，不可避免地要对新的文化因素加以排拒；同时，新文化的滋生发展，一方面需从传统文化的丰饶土壤中汲取养分，获得基础，一方面为了生存空间而与传统文化发生对垒。于是，在精英文化的层面就出现了文化保守主义和全盘西化的倾向。这种情形，当然不利于中国文化的重建。梁启超指出，须将博大精深、灿烂蓬勃的中外优秀文化“一一撷其实，咀其华，融合而贯通焉”（《论中国学术思想变迁之大势》）。

这正表达了岭南文化的又一种优秀精神。岭南文化在近代的使命是要帮助造就一种“不中不西、即中即西”（梁启超语）的新文化，即是吸收以西学为主要内容的新的文化因素，对传统文化加以更新与重塑。由于这是历史健康发展必然产生的客观要求，把握着时代脉搏的岭南文化在历史迈入近代的门坎之际，便试图对传统与新文化的关系这一充满困惑的问题作出正确解答。当林则徐在广东从现实需要的角度谨慎地欢迎西方的物质文明时，他的全部文化禀赋却来自他对中国传统文化优秀部分的深刻理解和发挥。同样，太平天国的领袖们采用基督教的信仰外壳并提出带有资本主义性质的发展纲领时，他们声称反对的儒学及其他传统文化因素，仍在历史的表象背后操纵着这些来自两广的农村青年的心魂。

就近代文化发展的历程来看，上述两个事例的象征意义大于其实际意义。这说明了，要真正做到会通中西，熔铸古今，不是他们各自所代表的阶级所能承担的。只有到了近代资产阶级文化启蒙时期，对传统文化与新学新知的理性思考才显示近代文化确已发展到新阶段。经过早期改良主义者的酝酿，康有为终于自觉地以传统为基础，试图创造一个不中不西、迈越古今中外的文化体系。他的思想体系以儒家今文经学为基础，兼采理学、佛学等内容，与西学相结合，吸取时代思潮的精华，形成庞大的文化构思。从他前期的著作《新学伪经考》《孔子改制考》等到《大同书》及其晚年的著作，无不深深烙刻着他以传统文化为基础发展新文化的努力印迹。康有为的文化努力中显示的一种矛盾可以典型地说明他与传统文化的关系。终其一生，儒学的奠基者孔子始终是康氏崇拜的偶像。而另一方面，孔子作为一个文化符号，在他的著作中却按不同时期的需要被随心所欲地加以解释运用，使之适合于他不同层次、不同时期的理论构思。这一矛盾说明他既要依托于传统文化，又要超越传统，让传统为我所用，以建构新时期的文化形态。

如果说，康有为重塑孔子形象以适应其需要，说明了新文化潮流的不可抗拒性，那么，孙中山的思想历程，则表明了传统文化的张力。孙中山早年的经历使他的思想带有浓重的向往西方文明的色彩，尽管他从来都不是一个全盘西化论者。但辛亥革命后，孙中山长期在国内从事的革命斗争和国际形势的演变，使他领悟到传统文化的价值。在他晚年的思想中，在坚持吸收欧美近代优秀文明、扬弃中学过时糟粕的同时，又很明显地表现了钦慕传统文化的倾向，常以中国传统文化来抨击欧美文明。他批评西方以物质和武力为基础的文化是“霸道”的文化，中国以仁义道德为基础的文化才是“王道”的文化。这表明他在以西方的价值观发动、领导了一场民族、民主革命后，对中国传统文化转而采取亲和认同态度。传统文化成为他重新建构其三民主义学说体系的一个支柱。

同受近代岭南文化哺育的维新派与革命派，尽管在政治上始终南辕北辙，但在文化观念的层面则显示出趋同的特征。他们都有将西方民主主义与中国传统的民本主义相衔接的思想经历。他们也都在如何重建中国文化的问题上进行自觉的反省和构思，而且得出的结论惊人地一致。

融贯中西文化而重新建构的中国文化，将不是中西优秀文化的简单相加，而是在将其冶于一炉之后，创建出超越二者的最先进的新文明。岭南文化大师们的文化理想主义使他们注定要在继承中外文化优秀传统的同时力图超越所有的文化传统。当他们无法在现实中战胜传统的惰性时，他们仍不放弃圣洁的理想。康有为和孙中山的大同学说正是他们超越传统的文化理想主义的典型。康有为在《大同书》中宣称，他的思想来自中西文化的一切优秀方面。《大同书》对所有社会制度的抨击表明他幻想在继承中西一切优秀文化传统的基础上超越一切既有的文明。无独有偶，孙中山论述其所持之主义，亦称“有因袭吾国固有之思想者，有规抚欧洲之学说事迹者，有吾所独见而创获者。”他提出超越三权分立原则的“五权宪法”，要在中国创建“驾欧迭美而为世界之冠”的头等共和国，更进而阐述走向大同社会的主张。他就任中华民国临时大总统的演说辞，首次提出要使世界“渐趋于大同”，以后又多次论述天下一家、众生福乐的大同理想，相信“孔子之理想的大同世界，真能实现”。

取古今优秀传统而继承之，汇中西文化精理而融贯之，建构超越一切文化传统之上的、完美的新文化，是近代岭南文化的一种理想主义的内在精神。其实，这也是近代中国文化发展的基本精神的内在动力。

中国的近代是一个挣脱旧时代的桎梏而走向新生的时代，这个时代的发展需要并造就了富有近代气息的文化特性。上述岭南文化的精神正带有鲜明的近代性，这些文化精神可以当之无愧地被称为近代精神，可以当之无愧地称为——近代岭南文化精英开创的中国近代爱国主义精神。正是这种富有近代爱国主义精神的近代岭南文化，在中国近代史上，以非常积极的姿态参与了并在很大程度上引导了中国文化的转型与演进。

（选自《学术研究》1996年第1期，略有删节）

近代广东商人与广东的早期现代化

邱　捷

邱捷，1945年生，广东广州人。中山大学历史学系教授，历任中山大学历史系主任、台湾研究所所长等职。主要著作有《孙中山领导的革命运动与清末民初的广东》《孙中山与中国近代军阀》（合著）等，参加《孙中山年谱长编》《孙中山全集》等书的编纂。

“中国早期现代化”与“近代中国的商业与商人”，都是近年中国近现代史学科比较受关注的论题。在近代，广东是早期现代化“先行一步”和商人势力比较强大的省份，探讨近代广东商人与广东早期现代化的关系，将有助于上述两个课题研究的深化。

一

什么是现代化，有各种各样的理论和标准。笔者接受这样的观点：“是从一个以农业为基础的人均收入很低的社会，走向着重利用科学和技术的都市化和工业化社会的这样一种巨大的转变。”

一般认为，清末（19世纪末到20世纪初）是我国早期现代化阶段。而在这个“涉及社会各个层面”的历史进程中，商人是与现代化进程关系特别密切的一个社会阶层。

所谓商人，根据民国初年的《商人通例》，就是“商业之主体之人”。所谓商业，包括：“一、买卖业，二、赁贷业，三、制造业或加工业，四、供给电气、煤气或自来水业，五、出版业，六、印刷业，

七、银行业、兑换金钱业或贷金业，八、承担信托业，九、作业或劳务之承揽业，十、设场屋以集客之业，十一、堆栈业，十二、保险业，十三、运送业，十四、承揽运送业，十五、牙行业，十六、居间业，十七、代理业”。除以上各项外，“凡有商业之规模布置者，自经呈报该管官厅注册后，一律作为商人”。

从19世纪后期以来，中国的有识之士主张同西方国家实行“商战”，主要是投资新式企业。20世纪初，广东籍侨商张振勋认为：

> 商战之道，必寓商于农、寓商于工、寓商于路矿而后可。盖农、工、路、矿，动需巨本。当此库款支绌，财力困敝，问诸国而国已无帑之可拨，问诸官而官亦无款之可筹，问诸民而民更无力之可顾，除息借洋款外，其能凑集巨资承办一切者，惟赖于商……今欲兴办农、工、路、矿，非藉商力从何而得成效?

张振勋自己就回国投资铁路、航运、银行、矿山和其他实业，著名的张裕酿酒公司（在山东），就是他创办的。广东商人成为清末“商战”的一支主力军。

在广东，新式企业多数是商人投资的。首先是新式工厂。从1872年陈启沅创办继昌隆机器缫丝厂开始，二三十年间广东陆续出现了一批由中国人投资的、使用机器的缫丝、造纸、织布、玻璃、火柴、砖瓦、水泥、卷烟、榨油、碾米、食品等工厂，以及一批机器、船舶修造厂。根据民国元年（1912年）农商部的统计，全国有“工厂”24544家，其中“使用动力的工厂”363家。我们把广东同当日近代工业较为发达的江苏（含上海）、湖北比较一下可以看出，广东是国内“使用动力工厂”数量较多的省份，工厂数占了全国1/3以上，列入统计的手工工场的数目，也比江苏、湖北为多。但广东使用机器的工厂数目虽多，每厂平均拥有的动力却不多（33.6马力），低于全国使用机器工厂拥有动力的平均数（37.6马力），这表明广东使用机器的工厂多为中小厂。

“使用动力的工厂”是当时最能体现“现代化”的企业。清末广东使用机器最广泛的行业是缫丝业，丝厂都是商人投资的。广州势力最大的商业之一——丝庄，主要业务是为丝厂调度资金、售卖产品（通过洋行），丝庄商人通常也经营丝厂。广州另一实力雄厚的行业是银号业，不少银号老板就是丝厂老板。清末民初，缫丝业是广东的“龙头产业”，蚕丝出口通常占了广东直接出口货值的一半以上，加上其他蚕丝产品，甚至可达80%。

在投资铁路和新式交通运输业方面，广东商人显示了自己的经济实力。20世纪初，广东先后成立三个铁路公司，即潮汕铁路公司（1903年）、新宁铁路公司（1904年）、广东全省粤汉铁路总公司（1906年）。前两个公司主要由广东籍侨商投资，第三个铁路公司创办者是“广州商务总会、广州城七十二行、九善堂”。广东全省粤汉铁路总公司集股4000万元，到1911年实收股金1513万元。当时的人说：“中国自古营业，其为最重大者无如今日之粤路公司。”1907年底，在抵抗英国攫夺西江缉捕权的斗争中，广州七十二行商人和梧州七十二行商人联合招股创设两广邮船会社有限公司，“置轮行驶内河及外洋各商埠”，规定“专集华股，不收洋人股份”。在清末，广东是本国人拥有小轮船最多的省份，据1911年海关的统计，当年全国在册的内河“华船”共851艘，其中广东310艘。珠江三角洲各城镇之间的内河航运，基本上由广东的“轮渡行”商人经营。

广东商业的深刻变化在19世纪已经开始，有外国学者甚至认为，在19世纪中国的沿海地区，出现了世界历史上少见的大规模的商业变化，因此，把这场变化称之为“商业革命”。在这个阶段，广东对外贸易迅速发展，1880年广东全年的进出口货值为2800万海关两，到1890年后，增加到约8000万海关两，1910年接近2亿海关两。

近代广东商业的变化是一个尚待深入研究的课题，涉及的问题很多，资料既零散又非常缺乏。广州等地区的商人，在商业早期现代化方面起了特别大作用。例如，广州是最早出现新式大百货公司的城市之一，1900年由澳大利亚华侨马应彪等在香港创办的先施公司，1911年在广州设立分号，1914年在上海设立分号。出现了新式行业，还建立了一些新式的银行。一些老行业，由于广东商业与对外贸易息息相关，加上商业活动范围的扩大、经营方式的变化，很多行业本身也在改变。不少商号在香港甚至海外设立了分号，一些商业采用了公司制度。不过，从整体看，旧式商业仍是广东商业的主体。

清末广东商人的经济活动，尤其是对新式工商企业的创办与经营，使广东社会发生了巨大的变化，从而使19世纪末、20世纪初的10多年，成为广东历史上经济发展较快的时期之一。

二

商人的活动，不仅改变了广东，也在一定程度上改变了他们自己。

广东是华侨最多的省份，香港、澳门又均靠近广东境内。不少广东内地的商号在港澳或南洋设有分店，众多侨商或港澳的华商回广东内地经营工商业。较之其他地方，广东工商业者有更多机会了解世界，采用从外地以至外国学来的经营方式。同时，广东又是中国开风气之先的地区，欧风美雨首先从广东吹入中华大地。而到了清末，维新、革命两派都把广东作为活动的中心地区，因此，广东尤其是珠江三角洲的商人，较之国内大多数地区的商人，有更多机会获得新知。一个外国人谈到广东时说："其商人性质之活泼、知识之灵敏、营业心之坚忍、商工业之熟练，实于支那人中别开生面者。"

到了20世纪初，商人的社会地位大大提高了，在广东，商人渐有"居四民之首"的趋势。原来的行会性的商人团体与新建立的商人团体，都成为商人维护自己经济、政治利益的组织。1907年，以广州七十二行为基础，商人们建立了一个政治性的组织粤商自治会。此后，广州商人又创立了粤商维持公安会、粤省商团（广州商团）等政治、军事组织。1911年，广东有广州、汕头两个总商会，各地还有60个商会。这个数字仅次于江苏省，而"入会商户数"比江苏还多。这显示了广东商人加强组织力量的热情。广东商界还积极办报以为自己制造舆论，1911年，在广州登记的报纸有15种，其中14种设立在商业区西关一带。（注：《两广官报》，辛亥年第6期。）据当日办报人的回忆，多数报馆的背景是"商办"的，《广州总商会报》《七十二行商报》完全是广东商界的喉舌。后一种报纸于1907年创刊，一直办到1937年停刊，是近代广东报龄最长的报纸。无论办学、办警、办慈善事业，广东商人都不甘人后。广州著名的九大善堂，多数创办于20世纪初，这恰恰是广州商界力量迅速扩展的时期，善堂也成了商人干预社会生活的机构。

特别能表现出广东商人阶级意识觉醒的是他们参加和领导了20世纪初的爱国斗争。如在1905年的反美运动、1907年反对英国攫夺西江缉捕权的斗争、1908年抵制日货的运动中，广州总商会及粤商自治会分别起了很大的作用。抵制外货是半殖民地半封建中国的资产阶级反抗外国资本主义经济侵略的一种重要斗争方式，在反帝斗争中，广东商人表现出挽救国家危亡的爱国热情，也表现出要保护国内市场的觉悟，他们还在斗争中利用时机创办了一批企业。

商人积极参与政治，是广东早期现代化进程中引人注目的现象。在清末，广东商人开始积极参与地方事务，甚至对政权更替产生影响。例如，武昌起义爆发后，广东商人表示赞成共和。广东最后和平独立，商人的向背几乎起了决定性的作用。民国以后，战乱频仍，商人更千方百计加强自身的实力，包括武装力量，以维护自身的经济、政治利益。广州总商会、七十二行、粤商维持公安会、粤省商团以及主要由商人控制的善堂往往联合行动，造成很大的声势；有时还采取罢市等方式向政府施压。清末的两广总督，民国的广东都督、督军、省长，在莅任之初都会接见商界代表，推行重要政策时通常也会召集商人团体领袖征询意见。商人对地方政治影响如此之大，商人团体为维护商界利益敢于对政府持如此强硬的态度，这在近代中国其他城市是很少的。

广东商界在20世纪初年表现出一种强烈的使命感。1908年，广州商人关伯康在《粤商自治会函件初编》的序言中说：

> 夫商者，农工之枢纽也。塞野时代，出产不富，制造不多，所谓商人，不过通有无，粟易布而已；迨文明进步，出产丰富，器用繁多，万国交通，因利生利，而商人居中控御，驳驳乎握一国之财政权，而农工之有大销场，政界之有大举动，遂悉惟商人是赖。此时虽欲不尊重之也，不可得矣。是以观其国商人地位之尊卑，既可以知其国文野之程度，其有中外之异，今昔之殊哉！

从这个序可以看出，商人们已感觉到自己的力量而以社会中坚自命了，他们在政治上要求有所作为是很自然的事。

当日广州、香港的报纸，基本是商界的喉舌。如《香港华字日报》的一篇题为《论商人与政治家之关系》的“论说”，比较了商人和政治家的地位，认为“一国元气惟商人司之”，并发表议论说：

惜乎我国今日，有真商人，而无真政治家。遂令商人日求与官场相交结，意将赖以为护符也。已且损一职官，以自安其心。而官场之视商人，如砧上肉、釜中鱼，为得寸得尺之株求；迨既得商人之实利，则出其虚荣以酬之，初亦未尝不两利。稍后商人知其然而避之，政府眼光亦较明，故三五年来，情形又一变。吾望我国之有志为政治家者，欲连结商人，必先为一二事，为商人造福，商人可以不招而自附。徒为罔之之术，无益也。为商人者，亦怡审视谁有政治家之希望，谁能为商人造福，则亦竭其力而辅之。

正是因为有这样的认识，广东商界无论在经济、社会、文化、政治各方面都努力扩大自身的影响，在广东的社会变迁中扮演了十分重要的角色。无论是早期近代化的进程，还是近代化进程的延误与挫折，都与广东商人有着极为密切的关系。

（选自《广东社会科学》2002年2期，有删节）

编者补白：程美宝《地域文化与国家认同》导言引述罗香林《香港与中西文化交流》（香港中国学社1961年）观点：19世纪下半叶，广州过去因独立通商而取得的贸易地位，渐渐为香港、上海等商埠所取代，加上地方动乱频仍，不少广东商人都把投资转移或分散到上海、香港及东南亚等地区。由此，在广州贸易地位下降的同时，广东商人和足迹遍及海外的人士数世纪以来对西方贸易运作和社会制度的认识，又成为中国引进变革的主要动力来源。各阶层的广东人纷纷到香港、东南亚和北美，或经商，或求学，或当买办，或充苦力。这些联系对日后广东及中国的政治和经济发展发挥了相当的影响。

特区，“特”在哪里？

谷　牧

谷牧（1914-2009），山东荣成人。曾任国务院副总理，推动建立了深圳、珠海、厦门、汕头、海南5个经济特区。中国共产党第十届、十一届、十二届中央委员，第十一届、十二届中央书记处书记。主要著作有《谷牧回忆录》。

在我们社会主义国家里举办经济特区，马列主义经典里找不到，是史无前例开创性的社会经济实验。因此，会上对特区建设的方针作了详细的研究。集中为以下几点：第一，特区主要是吸收侨资和外资进行建设；第二，要做好总体规划，有序地开发，分期分片铺开，先搞好水、电、道路、通讯等基础设施，创造投资环境；第三，在项目建设上，先上投资少、周转快、收效大的项目，在发展出口加工工业的同时，有条件的可以逐步上些房产、旅游项目；第四，为了吸收侨商、外商投资，企业所得税、土地使用费可以略低于港澳，建议中央把外商投资企业的所得税定为15%；第五，特区的管理，在坚持四项基本原则和维护国家主权的前提下，可以采取与内地不同的体制和政策，特区的经济活动要充分发挥市场调节作用。通过这次会议，把中央举办特区的构想初步具体化了。在讨论过程中，到会同志还根据特区创办起步的实践，考虑到特区不但要办工业，也要办商业、旅游、房地产等行业，不但要拓展出口贸易，还将在全国经济生产中发挥多种功能，因而“出口特区”这个名称，就难以概括其全部功能和作用。我根据会上讨论的意见，改名为涵盖面更宽的“经济特区”，得到大家的赞同。这次会议讨论的以上内容形成《纪要》，当年5月16日，中央以中发〔1980〕41号文件批转全国。

1984年4月，听取香港招商局副董事长袁庚同志汇报深圳蛇口工业区开发建设情况，举办经济特区涉及面广、政治性很强，党内外会有不少领导和群众不理解甚至反对，国外投资者也会有种种疑虑。因此，光有方针政策还不够，须得提请最高权力机关立法。这也符合我们改革所追求的一个目标——依法治国。

早在1979年底，我就着手组织起草法规性文件。先委托广东搞了个初稿并经广东省人大常委会作了审议。1980年6月，又由国家进出口委牵头组织修改，包括邀请大专院校有关专家共同讨论，先后十三易其稿，搞了两个月。8月26日第五届全国人大常委会第十五次会议，通过并公布了这个国务院提请审议的《广东省经济特区条例》，批准建立深圳、珠海、汕头、厦门经济特区，国务院随即相继批准上述四个特区的位置和区域范围。各特区的建设陆续开工。这四个经济特区的范围和面积，以后作过多次调整，至1993年深圳为327.5平方公里，珠海121.3平方公里，汕头234平方公里，厦门131平方公里。

深圳特区。当时就考虑到深圳毗邻香港，是我国南方陆路外运的重要通道，对外经济联系的条件最好，有可能发展最快，有意划大些，并且依据山川地形和设置管理线的需要，划了327.5平方公里。在这之前，1979年2月，国务院批准交通部香港招商局在蛇口投资办的2平方公里的工业区，也作为一部分划入深圳特区。蛇口工业区由香港招商局副董事长袁庚同志牵头，在1979年5月破土动工，首期开发1平方公里。在施工中引进国外先进管理经验，提出“时间就是金钱，效率就是生命”的口号，创造了较快的速度和较好的效益，以后被誉为“蛇口模式”。通港罗湖口岸所在的罗湖区是深圳开发最快的地区。罗湖区的开发在1979年8月拉开序幕，挖掉罗湖山填平罗湖洼地，集中力量搞“七通一平”。除投入部分地方财力外，主要使用银行贷款，负债经营，滚动发展，并引进竞争机制，实行工程设计和施工招标承包，取得了高速优质的成果，以后被誉为“深圳速度”。

珠海特区。珠海特区当时划定三片，共6.81平方公里。这里的建设从旅游业起步。1980年1月动工的第一家中外合资经营企业珠海石景山旅游中心，1980年8月建成开业，借鉴国外希尔顿酒店的管理经验，微笑待客，礼貌服务，顿时誉声鹊起，成为实行改革开放后宾馆、酒店改变服务面貌的样板。

（选自《谷牧回忆录》，中央文献出版社2009年版）

经济特区的最大贡献

吴南生

吴南生，1922年生，广东潮阳人。曾任广东省委书记，负责筹办广东省三个经济特区，最早提出“先走一步”并率先实践、经营经济特区。广东省第五、六届政协主席。

引进了市场经济，使中国经济进入了世界经济大循环。我认为这是特区对中国最大的贡献，也是特区之所以成功的根本原因。

当时别人明白不明白我不知道，但我心里很明白，办特区，就是要改掉那种苏联模式、自以为是的计划经济，走市场经济的新路。我们在1980年底即特区条例经全国人大批准公布后，就明确提出：特区要以引进外资为主，以实行市场经济为主。面对各种非议，面对当时重重阻力和压力，我和我的同事们有过“约法三章”：只做不说，多做少说，做了再说。总之就是一句话，要趁那些反对办特区的人糊里糊涂弄不清楚看不明白的时候把经济搞上去再说。要知道，当时全中国都还把市场经济等同于资本主义，搞市场经济就等于搞资本主义复辟，罪大恶极啊！可谁能想到，20年后，我们中国却要求人家承认我们是市场经济国家。这种变化实在是太大了！

小平同志说，深圳的精神就是“敢闯”。从创办特区中我们深深体会到：要从事这项巨大的改革开放工程，在实际工作方面要有勇气，在理论思想上也要有勇气。没有两方面的勇气是“闯”不成的。

广东的理论工作者和各方面的学者们都很支持改革开放，在理论工作方面做了许多研究。前面说过，1979年8月15日，我已邀请广东的多位学者一块研究特区条例，同时座谈、研究有关改革开放的理论。要闯过这一关，只好向老祖宗求救。1980年4月14日，我在向省人大常委会作《关于我省设置特区和制定特区条例的问题》的报告中，曾非常明确地讲出我们的观点（即广东理论界的观点）。

这是我们28年前的论点：

马列主义的基本观点，从来都不认为社会主义经济和资本主义经济是绝缘的。按照马克思原来的设想，社会主义经济应是在资本主义经济充分发展的基础上建立起来的，它将批判资本主义的不合理的因素，同时继承它的合理因素，并利用资本主义所创造的物质财富来建设和发展社会主义经济。但是事实上，首先建立起社会主义制度的国家俄国，却不是高度发展的资本主义国家。所以，列宁特别强调要吸收资本主义国家的先进科学技术和有用的管理经验。列宁讲过："要乐于吸取外国的好东西：苏维埃+普鲁士的铁路管理制度+美国的技术和托拉斯组织+美国的国民教育等等=社会主义。"

十月革命后，在俄国建立社会主义国家的过程中，列宁的思想前后有什么变化，实践中存在什么问题，我们没有再去研究，但从他这段话即"什么是社会主义"的内容来看，肯定不是"以阶级斗争为纲"的！

有了这些理论上的准备，我们才有勇气面向"左"派的挑战。"约法三章"也是因为有了理论勇气，对那些吵吵嚷嚷，"不去跟他们一般见识！"好！你"正确"，你表演吧！我就不开口，你要吵就自己吵吧！我"只做不说"，你能怎么样？

我常常会回顾过去的岁月，思考一些问题，有时，也有一点想法。例如：关于市场经济和民主政治的问题。我认为，它们都是人类在社会实践中得出的经验，是人类共同的财富。它们都不是专属于哪一个阶级的。什么叫文明？这就是文明。

关于市场经济，还有一个必须不断规范的问题，但这已是属于实践中的问题了。从理论上进一步探讨、分析和确定对市场经济的认识，这是中国理论界的历史任务，要下点苦工夫，不是给它戴上一顶"社会主义”的帽子就能解决得了的。

恩格斯说过：“一个民族想要站在科学的最高峰，就一刻也不能没有理论思维。”这句话很需要时时谨记，认真实践。

（选自《广东改革开放决策者访谈录》，广东人民出版社2008年版）

拓展阅读链接

1．费正清．剑桥中华民国史•导言[M] // 费正清．剑桥中华民国史．北京：中国社会科学出版社，1994．

2．傅高义．经济特区：新体制的体验[M] // 傅高义．先行一步：改革中的广东．广州：广东人民出版社，2008．

3．赵立彬．回顾近代广东的文化自觉[N]．广州日报，2005-8-22．

4．黄晓东．论容闳的科教思想及实践[J]．苏州大学学报（哲学社会科学版），2009，1．

5．吴义雄．“广州英语”与19世纪中叶以前的中西交往[J]．近代史研究，2001，3．

6．易中天．读城记•广州市[M] // 易中天．读城记．上海：上海文艺出版社，2000．

7．郝延平．中国三大商业革命与海洋[M] // 台湾“中央研究院”中山人文社会科学研究所．中国海洋发展史论文集（第六辑）．台北：“中央研究院”中山人文社会科学研究所，1997．

8．陈祖芬．傅高义：“先行一步”写广东[N]．南方日报，2008-12-18．

9．程美宝．近代地方文化的跨地域性——20 世纪二三十年代粤剧、粤乐和粤曲在上海[J]．近代史研究，2007，2．

10．程美宝．由爱乡而爱国：清末广东乡土教材的国家话语[J]．历史研究，2003，4．

11．吴霓．从古代私学的发展看中国文化重心南移现象[J]．北京大学教育评论，2005，3．

12．科大卫，刘志伟．宗族与地方社会的国家认同——明清华南地区宗族发展的意识形态基础[J]．历史研究，2000，3．

13．朱丽霞．江南与岭南：从文人游幕看清初文学的传播与文坛生态[J]．社会科学，2011，5．

后　记

文化建设当以学术研究为根柢，而以史学研究为尚；地域文化建设尤应如此。故本编所选，多史家之文。然严谨的史学论文，在大众阅读层面，难免出现窒碍，无法兼美，经再三权衡，忍痛删除了论文的注释部分；每篇论文均标注了详细的出处，有需要进一步参研的读者，也容易找到原文。同时，在不影响观点和主旨的前提下，还对部分论文正文也进行了少量的删节。对此，唯有敬请各位教授谅解海涵了。事实上也确实得到了各位先生的理解，在论文入选授权过程中，大家慷慨俯允，足资说明。这也充分显示了学人们的文化情怀，岭南文化因此何患不彰！

然而，有些文章，因种种原因直到出版前夕尚未完成授权，只能忍痛割爱，颇有遗珠之憾。

本编之成，成于众手。在我拿出基本选目以后，周山丹副社长亲拟了全书的基本框架；谭庭浩副社长则对全书的基调、选目的调整等提出了不少关键、中肯而具体的意见；责任编辑仔细校核讹误，统一体例，显示出良好的学术素养和编辑水准，这些都令我深受教益。在此，特表感谢。

周松芳

2014年3月